負けない
就活

じぶんを
信じなかったら、
じぶんが
かわいそうじゃないか。

黒澤 晃
Akira Kurosawa

負けない就活

じぶんを信じなかったら、じぶんがかわいそうじゃないか。

目次

あなたは、
本当にじぶんを
知っていますか？

じぶんを知れば、
就活の困難のほとんどは、
解決する。

やってみよう!
じぶんを知る、エピソードを探す、企業を選ぶ

2つの必須メソッド（方法）を紹介します。ひとつは、自己PRツリー、もうひとつは、私ヒストリーをつくる、です。早速、やってみましょう。

目的

じぶんの強みや行動特性に気付く。ESに書くエピソードを探す。

TEST 1

自己PRツリー

じぶんが遭遇した壁が見つけやすい。乗り超えた努力を見つけやすい。

STEP 1

今までで、**困難だった出来事**を3つ書きます。

⬇まず「困難を乗り超えたこと」の円をまんなかにおきます。

それを結んでいきます。

STEP 2

なぜ、困難だったかの**原因**を3つ書きます。
⬇計13個の円のツリーができましたね。**図A**

STEP 3

その原因を**どう乗り超えたか**を1つ以上書きます。
⬇乗り超えたなかで、じぶんを褒めてあげたいもの、ありますか。
⬇**図B**は、**STEP 2**の原因3つと乗り超えた3つだけを見せたもの。

見つけ方

❶「乗り超え」のなかで、エピソードに使えるものを探していきます。
いまいち、という場合は、**STEP 1**を増やしていきます。
⬇エピソードは、ひとつでなくいくつか持っていたほうが、有効です。
そのためには、このツリーはいい方法です。

❷どう乗り超えたかに、あなたの行動特性（コンピテンシー）があるはずです。
発見してみましょう。

図A 困難だった出来事を3つ➡その原因を書こう

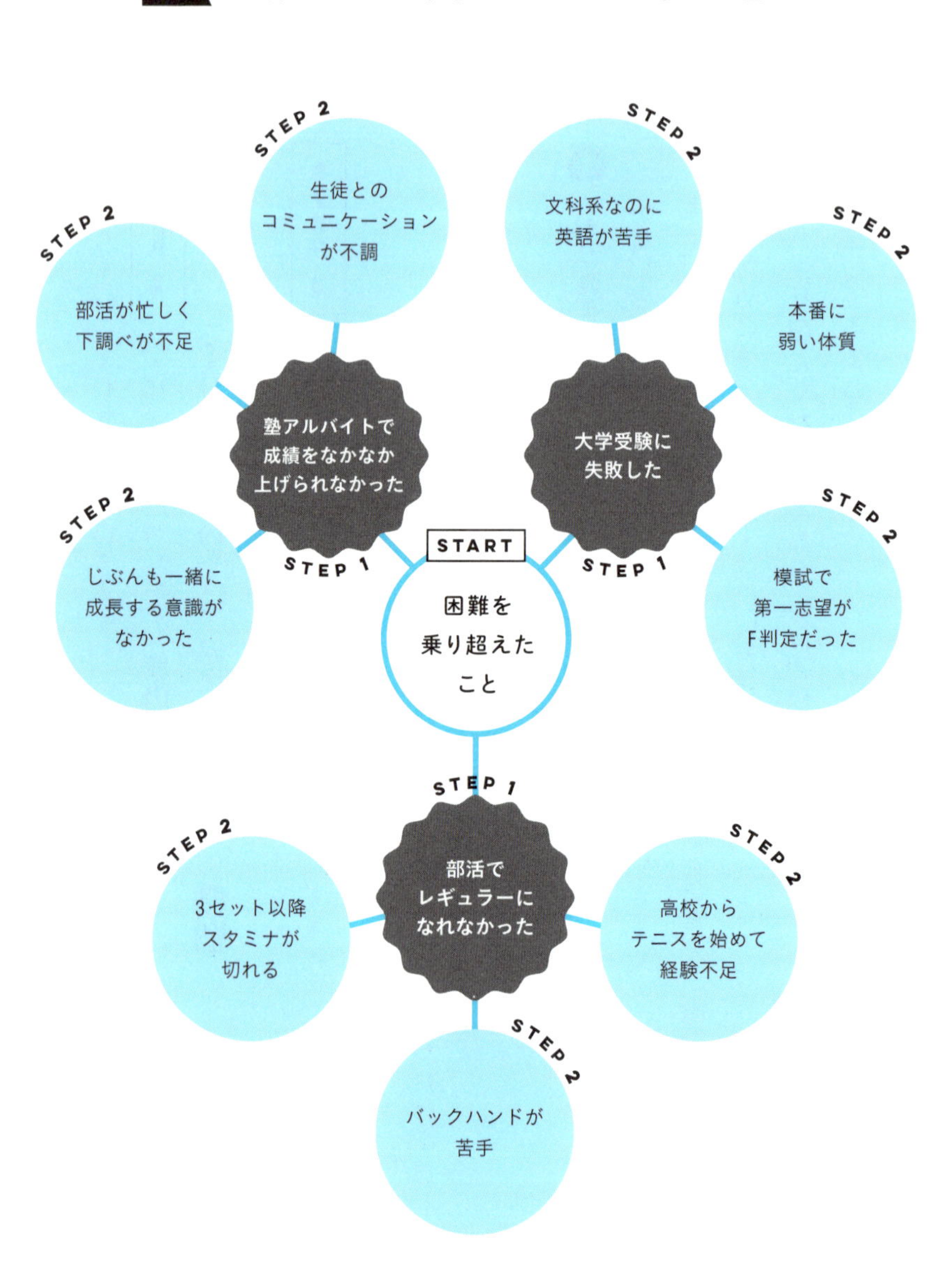

図B そして、どう乗り越えたかを書こう

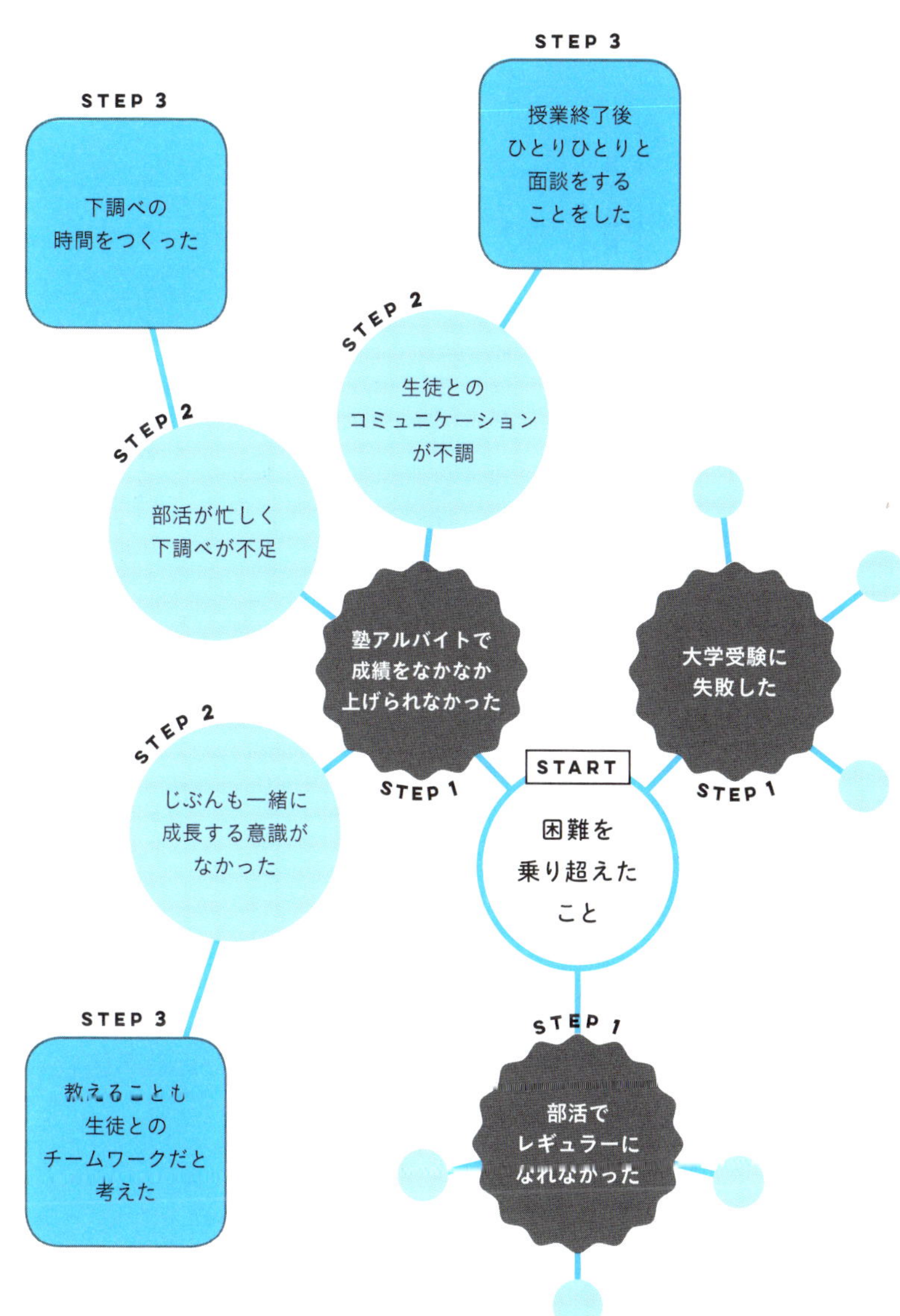

参考文献：
田口久人「受かる！自己分析シート」（日本実業出版社）

私ヒストリー

特徴

じぶん史をつくることで、じぶんという人間の形成過程を冷静に見つめられる。影響を与えた出来事やそこでの変化がわかる。

STEP 1 小学校から始めます（それ以前でも、あればかまいません）。そして、中学校、高校、大学と細かに書いていきます。

STEP 2 モチベーションが高まった出来事で、漏れがないか、調べます。家族に見せるのもありです。図C 図D 参照。

❶ 出来事のなかで、じぶんの意識が変わったもの、意識が高まったものは何

か？　を探します。そこから、「やりたいこと」「やりたい職種」「行きたい企業」を考察していきます。

⬇絵を書いてコンテストに入賞。だから、じぶんは表現することが好きになった。だから、クリエイティブな企画職をやりたい、という考え方もあります。

ただし、クラスの誰にも似てない絵を書こうと思って描いた、ということであれば、社会・市場を俯瞰的に見つめるマーケティング職に向いているかもしれません。私ヒストリーの事象をよく見て考えてください。

❷エピソードになる出来事も探します。できたら、大学に入ってからがいいですが、それ以外でもかまいません。

図C 学校生活に沿って、さぁ、探してみよう。

小学校時代	
中学校時代	
高校時代	
大学時代	

図D じぶんを変えたことを、どんどん探そう。

小学校時代	●ピアノ、英会話を習う。 ●市内小学校合同運動会で表彰台に上がる。
中学校時代	●バドミントン部に入部。 ●クラス委員を3年間経験。3年次は会計監査を担当。 ●人間関係はあまりうまくいかない。 ●推薦入試で某女子大付属高校に入学。
高校時代	●競技チアリーディング部に入部 ●少なからず友だちができる。
大学時代	●引き続き実家暮らし。 ●演劇サークルに4年間を捧げる。 演者をやりながら、舞台セット・衣装・歌詞の制作を担当。 ●パン屋さんでバイト。 ●2次元に入り込む。 ●3年間の片思い叶わず。

参考文献：
宮城まり子「ひとりで学ぶ成功をつかむための自己分析—自分らしさを最大限に生かす」（河出書房新社）

Prologue

意識高いは、マジでダサいのか？

STUDENT'S VOICE

早めの就活はダサい
と思っていました。
就職浪人してから、
そう思ったことがダサい
とわかりました。

ハードロックのTシャツを着たFくん。３年の夏からインターンに行く学生を見て、ダサいと感じたそうです。サークルの大事な集まりがあっても、その学生は「インターンがあるので行けない」と、集団から離脱するようなこともありました。

そもそも、じぶんに適した仕事や職種がまだわかっているわけでもないのに、何をそんなに急いで、川の向こうに行くのだろう。学生起業するという手もあるかもしれないし。

結果、Fくんは就職浪人しました。就活は頑張りましたが、第一志望のテレビ業界には手が届きませんでした。超難関とわかっていましたが、想像以上だったのです。深い挫折感がありましたが、もう一度トライしよう！　と決意しました。

大学生活は、どこか村社会のような部分があります。みんなでつながり、勉学や学祭やゼミのプロジェクトをすすめていく。意識面でいうと、そこから抜け出すには勇気がいる。「え、おまえ、インターンなんか行こうと思ってるの？　おれは、行かなかったよ」とでも、就職先が決まっている先輩から言われた日には、もう終了。

しかし、Fくんは就職浪人になって、考えました。なぜ、じぶんの就活はうまくいかなかったのか？

その大きな原因は、準備不足でした。人生で初めての「就職活動」という経験を、ぶっつけ本番でやっていなかったか。インターンもふくめ、すべてが準備不足だったのではないか。そして、何よりも、就活に立ち向かう意識が充分ではなかったのではないか？

そういえば、インターンに通う同学年生を見て、じぶんもしたほうがいいのではないか、と感じたこともありました。

「意識高いと見られるのが、ちょっとイヤだったりもしました。大学生活はなかなか難しいんです」。

Fくんは、にこやかにそう語ります。

「考えてみれば、インターンに行かず、たいして準備もせず、対策もあいまいだったことで、こんなに後悔するなら、やっとけばよかった。就職浪人して、そう気付きました」。

就職浪人を経て、Fくんは念願のテレビ業界に見事に入りました。企画業務を目指したいとのこと。とにかく、1年目の失敗を徹底的に分析して、ベストを尽くしました。作戦を立てて、立ち向かいました。

「インターンをしたことで、ES（エントリーシート）や面接の練習にもなったし、社会人との接点も広がった。損なことはなかったです」。

就職浪人というリスクに満ちた1年を送ったことで、つかんだ事実はとても貴重で、絶好の教材です。

私の知っている就活生たちも、意識が高く、準備が早かった子ほど結果がいいという法則があります。

インターンも「1日インターン型」が増えたり、複数の企業のインターンに参加できたり。チャンスは確実に増えています。

周囲の目を気にすることなく、勇気を持って、ひたすら行動を起こしてほしい。なぜなら、就活は、友達やサークルの問題ではなく、じぶんの問題だから。

導き

意識は高く持ったほうがいい。
それはクルマのエンジンのようなもので、すべてを前にすすませる。

この本では、就活を経験したばかりの人たちから、あつあつでリアルな言葉を集めました。それぞれの人たちから、これから就活を戦うみなさんへの、こころからのエール。それがこの本です。

情報と距離の遠さから挫折しやすい、地方大学の人の言葉もあります。志望上位の会社に届かなかった人の言葉もあります。心身ともに辛くなりながらも乗り超えた人の言葉もあります。そして、勝者の言葉もあります。

そこには、多くのヒント、この本でいう「導き」が込められています。

みなさんの世代は、すぐに答えを求めようとしますが、この本では、「こうしろ」「これが正解だ」とあまり書いてはいません。

というのも、はっきり言えることがあるからです。それは、私が多くの就活生と、採用側や教師側で長い間、接していてわかりました。

じぶんで考えて、じぶんなりの答えを見つけた人のほうが、はるかに結果がいい、という真実。

ネットやスキル本の情報をあくまで一次情報としてとらえ、それをじぶんの思考と感性で、高度にじぶん化していく人になるべき。そう「事実」が教えてくれます。マネやコピペでは、本当の勝利はつかめません。

しかし、じぶんで判断できないから、ネットやスキル本を見るのです。という不安もあるでしょう。大丈夫です。不安に勝つだけの、前を見る勇気を、この本はあなたに与えてくれるはずです。

就活という戦いに勝つためには、信じられるじぶんになるために、じぶんブランド力を高めるしかありません。

負けるな、就活生。負けるな、じぶん。

Chapter 1

振り回される就活か、成長する就活か？

じぶんブランディングのことば

就活時だけのスキル
というものはないと思うんです。
じぶんをブランディング
するスキルは、一生のものです。
それを就活で身に付けることで、
人間として成長していけるはずです。

Ａくんは、超難関のマスコミから見事に内定を得ました。といっても、そこまでの道のりは平坦でなく、インターンシップでのＥＳ不通過など、多くの困難も経験しました。就職までの道のりは、そう簡単ではないのです。

話を聞いていて、就職活動を「自己の成長の場」ととらえたことが、最高の結果をもたらしたと私は感じました。

一生を通して有益なものを、就活を通して身につける。その視点は、大きく深く、行動をポジティブにしていきます。

就活が終わったとき、じぶんに「確かな何か」が残っていてほしい。一過性ではなく、たとえ、結果はどうであれ。「ああ、あのとき、じぶんは変わった、良かった」と振り返られたら、それはいい就活です。

面接のとき、椅子にどう座るのか、ＥＳの提出は締め切りギリギリがいいか早めがいいか、初めて会うＯＢ・ＯＧにはお菓子とかを用意したほうがいいのか、などなどなど。細かなポイントも疎かにしてはいけませんが、就活生はそこばかりに目がいっているようにも思えます。

就活は、人生の大きなターニングポイントです。幼稚園から数えれば20年近くの学生生活から、社会へ足を踏み出す、その瞬間なわけです。いわば、防波堤で守られた港から、外海に帆をあげる舟です。そのときに、なんのこころ構えもなくていいのでしょうか。

ものごとを成すときには、細かい技術も必要ですが、揺らぐことのない軸があったほうがいい。それを、「大きいこころの戦略」と呼ぶことにしましょう。

導き

就活をどうとらえ、どういう方針で立ち向かうか。
「大きいこころの戦略」を、まず芯に持とう。

何で、じぶんをうまく
伝えられなかったんだろう、
何が、じぶんに
足りなかったんだろう、

とふと考えてしまうんです。

地方の大学に通うBさんからメールが来ました。残念ながら志望ランク1位、2位ではありませんでしたが、成長企業からの内定をもらった、そのお礼のメールです。

「先生、本当にありがとうございました。憧れの東京で働けるし、魅力的な会社ですし、とてもうれしいです。今からかなり緊張もしていますが(笑)」。

この文章のあとには、P29の言葉が書き連ねてありました。

厳しい戦いで、内定がとれたじぶんを褒めていいはずなのに、志望ランク上位企業の面接でうまくいかなかった、だから、じぶんを完全には褒めることができない。モヤモヤが消えないままの「じぶん」が残り続ける……。

就活は、まさに「じぶん」がキーワードなのです。

受験と同じ?　いや、まったく違います。

就活の戦いと、受験の戦いはまったく違う。その認識がないと就活は失敗します。

受験は、絶対評価です。1＋1＝2.5と書いた人は、「絶対的」にマイナスをもらいます。しかし、面接のとき、2.5と答えると評価される可能性があります。「ひとりとひとりの力を合わせると、私はふたり分の力でなく、2.5人分くらいの力になっているんだと思います。私の所属しているサークルでは……」などと始めるのは、入り方としてはありだからです。

つまり、就活は相対評価。ということは、正解はありません。まずは、そのことに気付きましょう。

相手（企業、面接官）によって、あなたの評価は大きく異なります。SPI以外の、ES（エントリーシート）、論文、面接、GD（グループディスカッション）はすべてそうです。

「相手」がいて、「じぶん」がいる。その「関係性」のなかで、判断され、評価されます。

企業の側で就活生を見ていた経験で言うと、ずばり、見ているのは「人間性」。「あなたという人間」はどういうパーソナリティやスキルやコンピテンシーを持っているか、そして、それらが我が社の風土に合っているか。以上、なのです。

「あなたという人間」。つまり、あなた側から見れば、「じぶんという人間」。それを❶どう客観的に見つめ（分析）、❷どう強み弱みを見つけ（発見）、❸どう見せていくか（プレゼンテーション）。この3つのポイントにつきます。まさに「じぶんブランディング」。

正解はない。しかし、相対的評価を、絶対的評価に近づけていく道はあるのです。

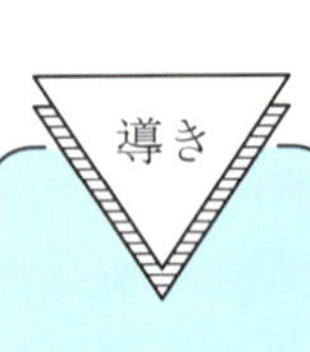

こまごましたテクニックや配慮ばかりにとらわれない。
じぶんブランディングを軸に、戦っていくべき。

あなたは、
壁にぶつかったことがあるか。
そして、どうやって、
その壁を乗り超え
ようとしたのか。

私の採用側の経験からの言葉。

その人の個性や行動特性などの「らしさ」は、どのようなシチュエーションで表われるか。

その答えは、壁にぶつかったときということになります。

壁の言い換えは、障害がある状況、困難な状況、予想外の状況、解決しにくい状況、とかになるでしょう。

ある目的や願望のゴールに向かって、いくつかの壁を乗り超え、進んで行ったことがあるのか。それは、どんなことだったのか、そして、どんな行動をしたのか。

漠然とではなく、具体的レベルで見ていくと、その人がほぼわかります。

採用側からすると、「困難にあったとき、この人はどういうふうに感じ、動くのだろう?」を、とても知りたいのです。しかも、具体的事実に即して、リアルに、です。

口だけうまいこと、たとえば、「いや、僕は壁があるとじぶんからよじ登るタイプなんです」とか言っていたのに、いざその場になると、あれ、逃げてる！　みたいな人は、会社としては使えない人だから。

近未来では、もうルーティンワークをする人はいらなくなります。多少高度でも単純作業は、もうＡＩ（人工知能）がします。複雑な壁を乗り超えるための力、つまり、現状を変えていく人間の力が必要とされています。それがないと、もう企業は激しい変化のなかで生き残っていけません。

「答えがわかっている仕事」は、もう人間はしない。その代わり、「答えがわからない仕事に、答えを出す仕事」を人間はしていきます。そして、あなたは、それができる人なのか、と問われます。

〈抵抗があると、熱量が発生する〉。物理の法則ですが、人間生活にもあてはまります。抵抗とは、おだやかだった日常に起こった、問題がある「出来事」「事件」。

それらが起きると、人間は思考し、作戦を立て、行動し、エネルギーを出します。

新しい大陸へと帆をあげることもあります。困難だが、黄金の島を目指したコロンブスのように。

ですので、就活では、ＥＳでも面接でも、この変化に際して、「あなたはどうチャレンジしたか」「どう頑張ったか」「どうアクションしたか」と聞かれるわけです。いわば、「乗り超え力」があるかどうか。

具体的には、ＥＳの設問のひとつとして、以下のようなものが多く出されます。失敗や挫折を書かせ、「乗り超え力」を問う企業もあります。

・学生時代に頑張ったこと／チャレンジしたことを、書いてください。
・困難に向き合い乗り超えたことを書いてください。
・あなたの過去で大きく失敗した経験は何ですか。また、そこから何を学びましたか。
・あなたが今までに経験した最大の挫折は何ですか。またそれをどう乗り超えましたか。

・もっとも厳しい環境におかれた経験をご記入ください。

・あなたが今までの人生で全力を尽くしたことは何ですか？こんなに頑張ったんだと自慢してください。（学校内外、集団でも個人活動でも結構です）

「乗り超え力」を問われると、「じぶんの経験」を示さないといけませんね。

たとえば、「大学時代、塾のアルバイトをしていました。夏期講習後も、成績が上がらない中学生が数人いることに気付きました。私はなぜ、そうなのかを徹底的に調べました。それは、自宅での学習における時間の使い方に問題があるとわかってきました。そこで、私は、ひとりひとりの学生と面談しながら、塾以外の勉強時間の表をつくっていきました。その結果……」というように。

この場合、塾の先生であるじぶんは、生徒の学力が上がらないという困難にぶつかり、答えを模索し、あるチャレンジを実行に移し、解決していく能力を発揮する。

そういうストーリー（物語）になるわけです。

今、「解決していく能力」と書きましたが、実は、企業がいちばん知りたがっている、「じぶんの能力」のひとつです（この本では、主に「乗り超え力」という言い方をしていきます。意味は同じです）。ビジネス領域では、課題解決力、ソリューション能力などと呼ばれているもので、必須のスキルとなっているのです。

キーワードとしての「乗り超え力」をぜひこころに留めおいてください。

導き

乗り超え力をじぶんに問うこと。どんなときに発揮できたかも、発見し、分析してみよう。

Chapter 2

個性を出せないのは、個性がないから？

勇気を出すためのことば

先生、さっき、
僕のESをユニーク
だと言いましたが、
それはいい意味で、
ですか？

正直、私は驚きました。就活セミナーのときの、ある学生との会話でした。「どうして？」「いえ、僕たちの世代では、ユニークは必ずしもいい意味ではないからです」。私は、そうか、と思いました。世代によって、言葉の価値は変わってしまうことを知らずに、無神経な褒め方をしてしまった……。

後日、親しい若い人たちの言うことをまとめると、「私たちは、集団のなかで、目立つことに少し恐さがあります。仲間はずれになるかもしれないから。平均的にじぶんを見せる必要があるんです。だから、ユニークは、浮いてる、ずれている、変な、の意味もちょっとふくまれています」。彼ら彼女らは、なかなか微妙なバランスの上に生きているんだなと感じました。

しかし、次のセミナーで私はまたあえてユニークという言葉を使いました。「ユニークの意味は、あなたが他の人とは違う素晴らしい何かを持っている、ということだよ」。そんな説明を付け加えて。

就活では、企業はあなたのどこを見ているか。それは、あなたという人間の個性。実はそれしかない。ほかには何もありません。

会社という社会では、個性が仕事をつくり、個性の掛け算が可能性を広げ、個性が新しい個性を引っ張っていく。個の強さ、豊かさが企業の基本動力であり、また責任の最小単位です。

あなたが今、属している学校という組織とはかなり違います。

恐れることなく、就活では、あなたを発揮してほしいと思います。あなたという人間を、採点官や面接官に、堂々とプレゼンテーションしてほしい。

そして、何よりも、彼ら自身がそのことを望んでいるのです。

導き

ユニーク、とは素晴らしいことだ。勇気を持ちさえすれば、あなたのユニークはアピールできる。

みんなと
同じが正解。
そんな雰囲気が、
確かにあります。

私は日頃、多くの若者と接していますが、平均値を求めたがる傾向が確実にあります。この場合の平均値は、「安心」と言い換えてもいいでしょう。

志望ランキング・トップクラスの広告会社に入ったSくんは、それは罠だととらえました。たとえば、で話してくれたこと。

「私服でもいいという面接があったとき、ほとんどの就活生は、それでもスーツを着ます。スーツならば、少なくともマイナス点はもらわない、という安心感があるからです。今、個性を消す方向に若い人は動くんです」。

私が面接官をしていたとき、個性がないなぁ、最近の若者は、と感じたことは数知れません。面接後、1時間もすると、どんな人間だったかの記憶も消滅してしまいます。残念ながら事実なのです。

私服で来てもいいは、実はあなたの個性を見たい、が狙いなのかもしれません。ジーンズでもいいから、その人らしいセンスを見たい。それが、スーツだと、面接官は悪い感情は持たないが、特別いい感情も持たないでしょう。積極的な差別化が許れないということになります。

ネットでも、私服で行って失敗した経験談、無難にスーツで行くべきという先輩アドバイスが横行します。ネット情報に依存している若者は、スーツを選択し、安全な面接に終始するかもしれません。

内定率は上がりましたが、難関企業の倍率は相変わらずです。もはや、平均値を基準に就活をしても、第一志望クリアは難しいのです。

「企業によって違うので、一概には言えないんですが、個性を出すのを恐れるな、と僕はアドバイスしたいです」とSくんは言います。

彼の作戦は、その企業の体質を考えながらも、その範囲のなかでどこまで個性的にできるか。そして、結果は成功だったのです。

導き

安易な常識で、じぶんの個性のリミッターをつくらない。
安心・安全は、罠。

考えたことを深掘りする。工夫したことを言葉にする。

それが、個性になると思うんです。

続けて、Sくんの言葉。これには、私自身がすごく気付かされました。

あなたの強みはなんですか、というESの設問に、「柔軟性」「協調性」「リーダーシップ」「積極性」「粘りがある」「逆境に強い」といった言葉（セールスポイント）がまず冒頭に書かれます。次に、それを事実（エピソード）で証明していくことになります。その証明が腑に落ちれば、納得し、では、面接で会ってみようとなるわけです。

その「証明」についてもう少し考えてみましょう。たとえば、柔軟性。

「〈私の誰にも負けない強みは、柔軟性です。〉私はバイトで、ある飲食チェーン店の接客をやっていました。ローテーションがうまくまわらず、混んでいるときに、接客担当が1人になることもありました。そこで、店長といろいろ相談し……。バイトのメンバーひとりひとりとも相談し……。もっと柔軟な考え方で、バイトの人間のタイムスケジュールをつくることを提案しました。その結果、お客さまからのクレームが減り……私は、現場のリーダーをまかされることになりました。……」

これは、話の流れとしては、悪くない。が、すごくいいというわけでもない。企業にもよりますが、場合によっては、面接に進めないかもしれません。なぜでしょうか。

それは、「柔軟な考え方」の深掘りがなされていないからです。簡単に言うと、考えの深さが、わからないから。あるいは、考えは深かったかもしれないが、それを伝える工夫がなされていないから。

問題をどうとらえたのか。そこにはどんな困難があったのか。そして、じぶんはどう解決しようとしたのか。このリアルなプロセスが大事なのです。そして、そこには、あなたの個性が滲み出し、キラキラと水があふれるように光るはずです。

実は、強みの表明（この場合は、柔軟性）はサブで、どう深く考えたか、どう深く感じたか、どう深く行動したか、がメインとさえ言えます。採点官に、ああ、この人は課題を掘り下げ、本質をとらえることができ、それに即したアクションをとれるんだな、と思わせることが重要です。

個性とは、すでにあるものでなく、考えたプロセス、乗り超えたプロセス、行動したプロセスによって、生まれてくるもの。

名車と呼ばれるクルマでもそうかもしれませんね。スタイリッシュな外観デザインだけでなく、名車には独自の設計思想や開発のストーリーがあり、それがオンリーワンの存在を証明します。

数多くのESを見ていると、ファンになってしまうものがあります。それは、文章のうまさではなく、その人が、困難に立ち向かっていく、そのプロセスに共感していたんだなとSくんの言葉を聞いて思いました。

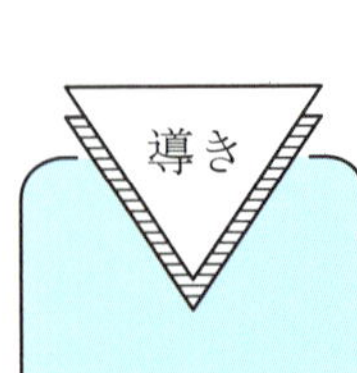

個性はプロセスのなかから探し出すこと。
生まれつきの性格のことではない。

Chapter 3

ネットにあなたが成長できる答えはあるか？

ぶれずに向き合うためのことば

ネットには安易な答えが広がっています。

答えは、じぶんで考えるようにしました。

ネットなくして、就活はできません。実に、さまざまな情報をすぐ入手できます。みなさん当たり前に活用していますね。

では、ネット情報で、ESはうまく書けるようになるのか、面接はうまくなるのか？スキルやマインドの側面から見たら、どうなのでしょう。

右記の言葉は、マスコミの難関企業から内定をもらった人からでした。そしてこう続けました。「ネットは便利だけど、ものによっては鵜呑みにはできないし、正しいことだと信じてはいけないと思いました」。

ESや面接のスキルの書き込みサイト、経験談の投稿サイト、過去のESを閲覧できるサイトなど、そのたぐいは、あまり信用せず、じぶんで考えることを徹底的にやったと言います。

難関マスコミ企業に入った彼が信用したのは、❶に、じぶんの思考力。❷に、目指す業界の先輩からのリアル情報だそうです（大学のキャリアセンターもふくむ）。

本当に、志望ランキング上位に入った学生には、このパターンが多いことに驚かされます。

本を読んだと言う人もいます。ただし、ここでも、目指す業界に今いる人がリアルに書いたものを読んだそうです。読むことで、その業界が持つ傾向をあわせて、勉強できてよかった、つまり業界研究にも役立ったということでした（この本も、そのジャンルに入るかもしれませんね）。

コピーライターの本を読んだら、「広告業界ならではの、ビジネスの構造や思考パターンがわかって有益でした、面接にも役に立ちましたよ」とのこと。

ネット情報は、振れ幅が大きいのです。すごい気付きもあるけれど、フェイクにはまるリスクもある。ネットが当たり前の世代でも、つい信用してしまう、あやふやな情報。就活時の藁をもつかみたい気持ち、不安でたまらない状況がそうさせます。気を付けたいものです。

そもそも、ネットにある書き込みに影響されて失敗したら、悔やみきれないでしょう。じぶんで考えたことで失敗したら、ま、じぶんのせいですから。他人のせいで、就活を失敗するなんて悲しいことです。

導き

情報はリアルなものを手に入れる。
不安にかられて、間違った情報を信用しては絶対にいけない。

STUDENT'S VOICE

ネットは気休め。
いちいち
気にしてたら、
丸くなっちゃう。
平均値では勝てない。

就活前・中には、膨大な就活情報がネットに氾濫します。ＳＮＳのつぶやき的情報も。あなたはその情報にどう接しますか。

就職浪人をしたＦくん。就活1年目は、ふだんネットを見ている延長線上で、ネットを細かに見ていたそうです。２年目は、もう気休めでしか見なかったとのこと。

「就活時のＳＮＳは、闇が詰まっています（笑）。マウンティングで牽制したり、フェイクも多いです。見たことありませんか。あれを見てたら、じぶんの位置を見失ってしまい、結果、平均的になろうとします」。

企業の採用担当が、学生のＳＮＳを見て選考材料にしているなんて話もあります。企業によって異なると思いますが、私の経験で言えば、採用側も気休めほどにしか見ていないのではないでしょうか。まぁ、ＳＮＳで学生が、その企業の内部機密・秘匿性の高い就職情報をリークしたりすると、退場になることは充分ありえます。学生側は、書き込み・投稿には注意をしてほしいと思います。

ネットは気休め、とは就活中のあなたに向けた、先輩からのいいメッセージですね。スキルや技術力を上げるのは、やはりじぶんで考え抜くことしかありません。その意味でも、「乗り超え力」が問われています。

私がコピーライターになりたてのころ、「じぶんでやりな、じぶんでもがきな、それが本当の力になるんだ」と先輩に言われました。「そこまでやったら、先輩のアドバイスの意味がわかるようになるんだよ」とも。

ヒントになるなぁ、と思い、ここに取り上げました。

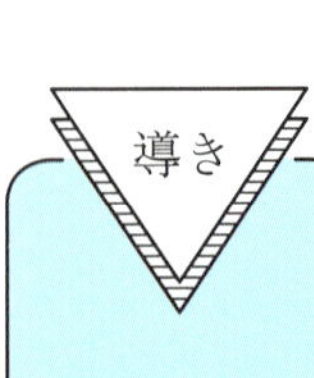

じぶんで思考する⬇ひとつ上の判断力が身につく
⬇その判断力が価値ある情報を選ぶ⬇思考する力がさらに上がる。

Chapter 4

相手を動かす、あなたらしさは、本当にないのか？

ESを書くときのことば

世界一周旅行より、コンビニのバイト

のほうに、すごいあなたがいるかもしれない。

私からの言葉です。ＥＳで書く具体的な経験、出来事のことを、「エピソード」と呼びますね。「あなたの挑戦を、具体的なエピソードを交えて説明してください」（大手広告会社）と就活では一般的に使用されます。

エピソード探しの重要性はさまざまな本やネットでも書かれています。しかし、ここでは採用側の感覚でお話ししておきます。

実は、企業はエピソードそのものを知りたいわけではない、ということです。そのエピソードを通して、あなたがどんな能力をキラキラと発揮したかを知りたいのです。

世界一周旅行で、こんな素晴らしいスケールの大きい出来事があった!! と書いてあるＥＳより、問題意識を持ってお客さまに接し、一見、小さいけれど、じぶんなりに深掘りして、サービス改善をしましたと言うＥＳのほうが、評価が高い可能性があります。

あなたのリアルな、汗や涙や努力を知りたい。その思考の深さや感受性の豊かさや行動の力強さを知りたいのです。「こんなすごいことをしたぜ！」と、そこで止まっているESには、さほど魅力を感じません。

ひと言で表すと「乗り超え力」になりますね。その力を、あなたの20数年の過去を振り返りながら、発見していくことにしましょう。そのプロセスで、多くの企業が設問にしている、「あなたの強みを書いてください」への答えも、きっと見つかるでしょう。

この本の冒頭の「じぶんを知れば、就活の困難のほとんどは、解決する。」のメソッドも必ずやってみましょう。意外と人間はじぶん自身を知らないものなのです。

導き

すごいあなたは、必ずいる。小さな出来事のなかにいるかもしれない。
信じて、エピソードを探してみよう。

胸をはるほどのエピソードは
僕にはないです。だから、
言いようにはこだわりました。
明確に伝わるために、
ESをつくることを
考えました。

長年、ESを見ていて、エピソードの内容そのものに、びっくりしたことは、ほぼ皆無です。経験豊富な社会人から見たら、大学生がやってきたことは想像範囲内のことばかり。全国大会で優勝、でも、さほど驚かないでしょう。オリンピックで金メダルなら、書くだけで内定が出そうですが。

ネタは、❶アルバイトのときの話、❷サークルやゼミでの話、❸留学での話―の3つが圧倒的に多く、私は、この3つを「学生3大ばなし」と呼んでいます。

実は、エピソードの内容には、ほとんど差がないのです。そこを勘違いしている人は多すぎるほど。みんな似たようなネタなのです。しかし、上手な寿司職人は、同じマグロの中トロでも、味わいの深いものを握り、客にトンと差し出す。そう、握り方、差し出し方の違いが重要なのです。

もちろん、すごいエピソードがあるに越したことはないでしょう。しかし、そうでなくても、大丈夫、安心してください。WHATではなく、HOWでも、充分すぎるほど個性的で愛すべきＥＳになりえます。

Ｐ63は、ランキング上位の広告会社から内定が出たＡくんの言葉。印象的だったのは、「ＥＳをつくる」と言ったこと。「ＥＳを書くではなく、つくる」。

コピーライターが商品コピーを書くときは、商品の良さを誠実に伝えつつ、その伝え方をクリエイト（つくる）します。より見てもらえるように、より納得してもらえるように。その作業と同じことをＡくんは、していたんだな、と感心しました。

学生3大ばなしでもかまいません。ようは、書き方なのです。Ａくんは、高校時代、柔道をやっていて、2回、骨折したことを書いたそうです。その挫折を出発点にしてどう乗り超えたか、じぶんの頑張りがよく伝わるように、必死に考え抜いた話していました。

ただし、くれぐれも、嘘の話をつくってはいけません。フェイクは必ずばれます。

面接官は、その企業で名うての人たちばかりだ、ということをお忘れなく。ある面接官は、「部屋に入ってきた瞬間に、その学生が嘘をつくタイプかどうかわかる」と言っていました。ま、話半分にしても、ありえる感覚だと思います。

導き

話をつくるのでなく、伝わり方をつくる。
その意識を持ってのぞむと、全然違うものになる。

詳しくは、特別ページ「なぜ、あなたのESは、相手に響かないのか?」を参照してください。(▼P77〜)

おもしろいことは
書かなくていい。
客観でなくて、
主観でいい。

Oさんの言葉、大きなヒントがありますね。彼女は、超難関マスコミ企業から内定をもらいました。

就活生が勘違いしやすいのは、ESを試験問題の答えのような意識で書くことです。なぜ、勘違いなのか。それは、ESに答えはないから。

採点官は、何を見ているか。それは、あなたならではの考え方、あなたならではの感じ方です。わかっていても、ついつい何が正しいのか、と公式を模索し始め、ついつい常識的なESになってしまう。そんな心理は、まず捨てたほうが賢いのです。

採点官として、ESを見ていたとき、主観の力の強さで、印象に残る文章がありました。もう10年以上昔のことですが、まだ要旨を覚えています。「志望動機を書いてください」という設問でした。その文のあらましを紹介します。

エピソードのネタは、例の3大ばなしのひとつ、留学でした。

●例文　「私は、フランスの大学に語学留学生として3カ月行きました。大学はパリにあり、世界中のさまざまな国から、学生が集まって来ていました。そんな数多くの、肌の色も目の色も違う人たちといっしょの場にいるだけで、人生初なのに、たったひとりの日本人である私が、彼ら彼女らと生活をしながら多くのことを学んでいく！　そのことを考えただけで、尻込みしそうでした……そのうちに、何人かの友達もできていき、休みの日にパリ郊外にみんなで出かけていくようにもなりました。そう、異文化でありながらも親しい輪ができていきました。やった！……やがて、大学が終わるころ、あることに気付きました。それは、人間は国境や人種や宗教を乗り超えられる存在だというのは間違いだと。……やはり、心の奥のどこかに、解り合えない壁があるんだと思いました。幻想だったと思いました……しかし、こうも思ったのです。幻想にすぎないかもしれない。しかし、私は、今は幻想であろうと、それを理想だと考えて、コミュニケーションをより深めていくために、人生を通して、考え、悩み、さまざまな問題を解決していきたいと。……それが、コミュニケーションの専門会社である御社を受けようと思った理由です……」

という流れで書かれていました。

多くの留学体験ESは、「世界の人と仲良くなれることを学びました。世界の人と人との間には壁がないことを学びました」と書いてあるなかで、「個人の発見」を非常に感じました。「ああ、この人は、鋭い感受性を持ち、じぶんならではの問題の見つけ方ができるんだ」と。まさに主観の強さです。しかも、常識的ではない帰結なのにもかかわらず、流れがきちんとしていて、説得力がありました。いや、常識的でないからこそ、説得力があったのかもしれませんね。

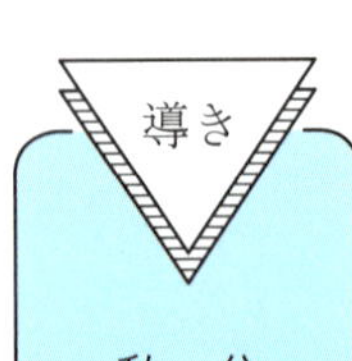

公式、常識、テンプレから発想するくせを、早めに忘れよう。
私は、こう思うのだ！　でいいのだ。

企業研究が、志望動機につながらなくて。爆弾を抱えているようでした。

この言葉に類することを、多くの就活生が経験します。志望動機。ＥＳでも面接でも１００％問われます。ここで失敗し、結果が出なかった人もいます。

ある就活生が、「その企業でやりたいことをどこまで話せばいいのか、がわからない」という趣旨のメールを私に送ってきました。「職種に沿ったことを言うと細かすぎる気がするし、企業に沿って言うと大雑把すぎる気もするし……」。

絶対聞かれるのに、うまく答えられる自信がない。まさに爆弾です。

たとえば、アナウンサーになりたくて、就活をする人の場合であればスムーズですね。受けるべき企業は、「じぶんの志望職種⬇エントリー企業探し」の順ですから。職種と志望動機はつながりやすいのは、当然ですね。しかし、多くの就活生が、ある特定の職種に絞りこんで就活はしていません。この会社に入ってじぶんは何をする？は、本当に漠然としています。実際のところ、「エントリー企業⬇じぶんの志望職種探し」の人が多いのです。

解決法は、「この会社に入ったらじぶんは何をしようとするのだろう。何をしたら達成感を持てるのだろう」と自問自答し、じぶんの働くイメージをふくらませる以外にありません。

では、企業側が志望動機を学生に質問するのは何を聞きたいのか、です。私の場合は、その学生がどこまでちゃんとじぶんの会社を「理解」しているか、でした。つまり、「動機」は二の次だったと言えます。

質問は、「我が社（広告会社A）を志望したいと思ったのはなぜですか？　我が社にもし入ったら、何をしたいですか？」のように聞きます（派生形はいろいろあります）。このとき、こう答える人は、評価が悪くなります。

●例文　「私は、小さいときから広告が好きでした。広告が、社会のために正しい情報を提供することで、経済や文化が形づくられていきます。たとえば、どんなに素晴らしい商品でも広告をしなくては、多くの人が知ることができません。そんな広告の持つ役割をこれからもっと社会のために役立てたいと思っています。大学では、広告研究会に入り、町おこしの広報活動を行政とともにやりました。youTubeで流す映像も僕らでつくりました。そのときの充実感はかけがえのないものでした。広告会社は多くのクライアントを持ち、多くのメディアを駆使して、多くのコンテンツを発信しています。私は、ぜひ御社に入り、広告ビジネスに全力をあげて取り組みたいと考えています」。

どこがダメか、わかりますか？　じぶんのやりたいことばかり言っている？　かなり近いですね。

正解は、広告会社に入りたい理由は言っていますが、A社（面接官にとっての自社）に入りたい理由は、何も言っていないからです。なぜ、じぶんの会社を志望したのかその理由がわからなければ、採用のしようもありません。広告会社B、C、D……どれでもいいということになります。広告会社に横並びにエントリーしていると起こりやすいマインドとも言えます。

注意してほしいのですが、企業はその会社ごとで、事業領域、風土、歴史などなど、まったく違います。志望動機とは、そこを知って書く、もしくは話さないとダメです。

とにかく、志望する会社をよく知ってください。それを徹底してください。表面だけでなく、「風土」「気質」や「未来ビジョン」まで。できたら、社員の方にお会いして話が聞けるとベストですね。もうひとつアドバイスは、その会社の企業スローガンや大事にしている社是の言葉を覚え、意味を知ること。それも重要です。じぶんの会社のスローガンを知らない学生がいて、がっかりした記憶もあります。

その上で、「この会社に入ったらじぶんは何をしようとするのだろう。何をしたら達成感を持てるのだろう」と自問自答してください。そのとき、職種でなりたいものがあるならば、熱意を込めて語ってください。

やりたい職種がわからない、どんなセクションで働くかイメージがわかない。だから、その会社で働くじぶんを想像しにくい。

くれぐれも、それはあなただけのモヤモヤではないことを覚えておいてください。
ネットや本だけでなく、リアルにその会社を知ること。リアルに、が大事です。

導き

志望動機は、あなたのやりたいことは何？　より、
うちの会社のことをちゃんとわかってる？　が大事。

なぜ、あなたのESは、相手に響かないのか？

7つの悪い例から、考える・学ぶ・チェックする

ESは、企業ごとに設問は異なります。しかし、必ず問われることがあります。

「あなたの強みを教えてください」
「あなたの頑張ったことを教えてください」
「困難に向い乗り超えたことを教えてください」
など、あなたの今までの人生のなかで、じぶんが学習したこと、チャレンジしたこと、成長したことを書く設問です。この場合、その成長の契機となった出来事を書きます。その出来事をエピソードと言っています。エピソード選びは、とても重要度が高いものです。

実は、この設問は、あなた自身を知るには最適なものです。あなたの経験があなたの思考や感性を交えて、書かれているからです。ですので、ES通過後の面接でも、この設問に類したことを聞かれるでしょう。

一方で、この設問に上手に答えられず、面接までたどりつかない学生も数多くいます。就活の成功・不成功は、この設問にどう答えられるかにかかっている部分が大きいのです。

ここでは、悪い例を紹介します。実際に学生のみなさんが書いた文章をベースに創作し、極めてよく登場する例文にしました。

悪い例は、「先生」です。ヒントがわかりやすいのです。なぜか。良い例を見ると、人は無意識にまねようとします。しかし、悪い例は、そうしないようにと「じぶんで考える」からです。この「じぶんで考える」が、いちばん就活では必要なことです。さて。悪い例➡なぜかと考える➡理由を知る➡考えるヒントの順番で進んでいきましょう。

設問

あなたの頑張ったことを教えてください（400字以内）

例文 1

私はフットサルの同好会に所属し、力を入れて活動しています。戦術リーダーや後輩の指導役を務めてきました。今は、副主将になって大きな責任を持つようになっています。チームをまとめることを第一に考え、学年ごとのコミュニケーションを大事にすることで、縦と横の強い関係を構築してきました。勝率も向上し、新入生の加入数も上がっています。

また、大学においては、国際関係論のゼミに属しています。○○市の依頼で、姉妹都市との関係をより強くするためのプランニングを考えたときは、サブリーダーとして、難しい問題を乗り超え全体をまとめました。

さらに、学祭ではポスター制作などの広報チームに自ら立候補し、中心メンバーとして活躍できました。前年より来場者数が上がり、大盛況でした。ひとつのことに全力を尽くし、責任感を持って自ら行動すれば結果は出る、それが私の学んだことであり、頑張ったことです。

WHY

なぜ、この文が悪い例なのか？（いろいろやったことが書いてあるのに……）

「頑張ったこと」ではなく、「やったこと」になっている。いわば、「報告書」。事実を報告しているだけなので、その人のコア・コンピテンシーが伝わらない。どんな人なのかの中身が曖昧で、評価ができない。

REASON（採用側からの理由）

「報告書」ゆえに、エピソードが多くなりがちで、掘り下げが浅くなりがち。残念ながら、全体に薄っぺらな印象がある。事実は述べられているが、じぶんが述べられていない。客観はあるが、主観がない。（▼P67参照）

HINT

12行目に、「難しい問題を乗り超え」の「問題」とは何だったかを知りたい。どんな問題があり、どう解決法を考え、その上で、どう行動したかを知りたい。エピソードを、とにかく掘り下げること。壁の乗り超え方。そこに、「そのひとらしさ」が出る。（▼P33参照）じぶんの考えたこと、感じたこと、行動したことがアピールできているか。

CHECK POINT

□ そのESは、「報告書」になっていないか？
□ そのESは、じぶんを掘り下げて、アピールできているか。

例文 2

私は、渋谷の繁華街の居酒屋で2年くらいバイトをしています。とてもいい雰囲気で料理もおいしいのですが、半年くらい前に、売り上げが大きく落ちたことがありました。そこで、私は集客力アップ作戦を実施しました。まずは、お客さまの数を増やすために新規顧客を狙うことを考えました。チラシの印刷数を増やし、駅前や店頭でスタッフに配布させました。お店のサイトで新規登録をした人には、その日小柴漁港であがった新鮮な海の幸を半額で提供するなど、とにかく激戦区で勝ち抜くためにベストを尽くしました。さらに、メニューをもう一度見直し、他の店にはないような食材を積極的に使うなど、差別化を徹底しました。3カ月ほどで、売り上げは前年と同じレベルまでに回復し、現在は、前年比を10％上回るまでになっています。知恵を絞ればできないことはない。売り上げに責任を持ち、あらゆる状況を俯瞰したことで、目標を達成しました。

WHY

なぜ、この文が悪い例なのか？（目標は達しているのに……）

REASON（採用側からの理由）

「頑張ったこと」はいちおう書かれているが、かなりの「自慢話」。ぜんぶ、じぶんが考え、実行しているように書かれている。まるで、経営者か、店長のよう。または、既に社会人5年生くらいの感じ。非常に自己中心的な人間ではないかと危惧してしまう。「スタッフに配布させた」「差別化を徹底しました」「あらゆる状況を俯瞰した」などの表現にもそれがうかがえる。

HINT

じぶんはどんな立場で、どこを具体的にやったのか、そのうえで、「じぶん」をアピールしてほしい。

じぶんを大きく見せても、採点官は必ず見破る。

エピソードの掘り下げがまだまだ足りない。なるほど！　あなたは、そんなふうに頑張ったんだね！　という共感には達していない。

例文①ほどではないが、「報告書」っぽい印象もある。

- □ そのESは、「自慢話」になっていないか？
- □ そのESは、じぶんを等身大に見つめ、じぶんらしさを発見できているか？

例文 3

私はチームワークこそ、現代社会にいちばん重要なものだと考えています。世界がグローバル化し、SNSで人と人がつながった今、人類共通の課題に取り組み、スキルやノウハウを共有して、大きなソリューションを生み出す前提ができつつあります。振り返れば、私は小学校、中学校とクラス委員をし、つねにクラスをひとつのチームと考え、活動をしてきました。先生が私に教えてくれた言葉「ONE FOR ALL, ALL FOR ONE」の影響があるかもしれません。人は1人では大きな力を発揮することができません。人間は、共同体的生活をすることで天変地異や他の動物からの攻撃から逃れ、生産性を上げ、進化して来ました。そのDNAこそ、人種や宗教や思想で分断されがちな今に必要ではないでしょうか。私が所属する国際関係論のゼミが主体となった産学協働プロジェクトでも、バラバラになりがちな仲間の大学生たちと個々に話し合いながら、みんなを巻き込んで頑張っています。

WHY

なぜ、この文が悪い例なのか？（正しい意見が書いてあるのに……）

REASON（採用側からの理由）

- 「じぶんの考え」を述べているが、「頑張った事実」はほとんど書かれていない。
- 立て前でなく、経験から学んだことを書いてほしい。リアルなじぶんを知らせてほしい。
- 「小論文」「論述文」の答え方に近い。「あなたが今、大切にしていることは何ですか、論じてください」のような設問だったら、問題はないだろう。

HINT

- 経験、つまりエピソードを書き、その結果として、チームワークの大切さを学んだのであればよい。
- 主眼を、頑張った事実におくと、エピソードが弱いかもしれない。その場合は、エピソードを再検討すべき。
- エピソードをベースに「じぶんの物語」を書く感覚。意見ではなく、物語。そのほうが共感を得られやすい。

CHECK POINT

- [x] そのESは、リアルな経験でなく、概念的な論述になっていないか？
- [x] そのESは、考え方で終わらずに、行動まで書かれているか？

例文 4

私が学生時代、頑張ったことは、学内主催の国際交流のイベントです。第2外国語で、フランス語を選択した私は、その軽やかな発音に惹かれ、そのうちにフランスの文化に憧れるようになりました。フランス語を好きになった私は、学内で国際交流のイベントを企画しました。バイトで猛烈に忙しい時期でしたが、サブリーダーに立候補しました。アジアやヨーロッパやアメリカからの留学生を中心に、ライブコンサートをしようと、本当に粘り強く会って話して、実現にこぎつけました。学園祭のときに、それぞれの国の衣装を着てもらって、その国の音楽を必ず1曲は演奏し、あとはそれぞれが好きな曲を演奏しました。多くの学生がライブを見に来ました。言葉だけで「国際交流」と言うだけでなく、実現できたこと。やはり、幅広い発想力をベースに、誰にも負けない行動力と柔軟性を発揮する。そのことは、社会に出ても私の強みになると考えています。

WHY

なぜ、この文が悪い例なのか？（確かに頑張ったことが書かれているようだけど……）

REASON（採用側からの理由）

ロジックが通ってないところがあって、納得しづらい。説得力がない。5行目、「フランス語を好きになった私」と「学内で国際交流のイベントを企画しました」の因果関係がよくわからない。フランス文化のイベント展をやるとか、フランス語の劇をやるとかなら、因果関係がはっきりしている。説明不足かもしれない。

特に、ロジックが通ってないのは、17行目「やはり、～」からの結論部。「幅広い発想力」は、どの事実を受けて言っているのか。「誰にも負けない」の根拠はどこに書いてあるのか、不明。発想力・行動力・柔軟性と志望企業が求める資質を都合良く書いているだけのようにも思える。

HINT

強みを発想力、行動力、柔軟性と複数にする必要はない。ひとつに絞っていい。エピソードの内容が、結論とズレている文章が、実はかなりある。論旨を通すだけでも差がつく。

- □ そのESは、ロジックが通っているか。
- □ そのESは、結論部が、文章に書かれた事実につながっているか？

例文 5

学生時代、私の頑張ったことは、アイデアを考え、斬新な企画をアウトプットすることだ。それは、大学1年目に広告研究会に入って、宣伝会議賞のコピーを応募してから始まった。大学の先輩たちと話しながら、コンセプトや切り口を見つけ、キャッチフレーズにしていった。〇〇祭に際しても、ポスターやYouTubeにアップする映像をつくる広報チームの一員として活躍した。各種のコンテンツをつくりあげることはとても大変だったが、チームのリーダー的立場で全体をコントロールできたと自負している。評判も良かったと聞いた。学祭の委員長やOB・OGから非常に高い評価を受けた。そのほか、多くの賞に応募した。キャッチコピーを考えるだけでなく、イラストレーター、フォトショップを一から勉強し使いこなせるまでに成長した。なぜ、じぶんはそんなに頑張ることができたのか。結論はひとつしかない、つまり、私はクリエイティブワークが生まれもって好きなのだ！

WHY

なぜ、この文が悪い例なのか？
（締めの文章がかなり決まっているように思えるけど……）

REASON
（採用側からの理由）

例文④同様、残念ながらロジックが通ってない部分がある。報告書的でもある。2行目、「斬新な企画」と書かれているが、どのアウトプットが「斬新」なのか書かれていない。具体性がないまま、文が終わってしまう。
学祭での「リーダー的立場で全体をコントロールできた」ことは、「アイデアを考え、斬新な企画をアウトプットする」ことと、どうロジカルにつながるのか。
最後の行、「生まれもって」と書いてあるが、「大学1年目に……宣伝会議賞にコピーを応募してから始まった」のではないのか？

HINT

社会人はロジカルな書き方や話し方に慣れているので、注意すべき。書くときは、人間、夢中になる。客観的に見返すか、社会人に見てもらうことが望ましい。

CHECK POINT

- □ そのESは、ロジックが通っているか。1にも2にも、ロジックが大事！
- □ そのESは、何度も検証したか。信頼できる他人に見てもらったか。

例文 6

学生時代に私は各種のことがらで頑張ってきました。特にそのなかでも頑張ったことは、マーケティングゼミで大手○○○製菓の新商品の開発提案を手がけたことです。まず、F1ターゲットに刺さる新商品を開発することでは、市場の調査を考えました。さらに、ターゲットのインサイトを調査する必要も感じました。どういう調査にするかで、ゼミのメンバーと自主的に合宿をし、連帯感を高めるなかで、毎日のように激論することを経て、イメージができていき、その結果をゼミの教授に相談し、徹夜に近い頑張りで、企業に提案することに成功しました。そして、無事に企業から調査費が出たときは、頑張ったことがむくわれました。さらに、その商品開発は続き、夏休み明けに提案することになります。じぶんをみんなにぶつけることで、いい結果が生まれたこと、精神的にも後戻りすることなく、頑張ったこと。頑張ったことといえば、それが胸を張って言えることです。

WHY

なぜ、この文が悪い例なのか？

（企業の新商品の開発提案って、結構すごくないのかな……）

REASON
（採用側からの理由）

- 惜しい。内容としてではなく、文章として、明らかな「悪文」。
- 「こと」の頻出がまずあげられる（14カ所）。同一表現が文章内に頻出すると、読み手の頭に入りづらく、知的レベルも低く感じられる。
- 8行目「どういう調査にするかで、〜成功しました。」までの、あまりに長いセンテンスも頭に入りづらい。学生のなかには、長いセンテンスのほうが、文章がうまく見えると誤解している人がいる。それはまったくの間違い。
- 「頑張った」もかなり登場する。ほかの語彙がないか、と思う。
- 「特に」「さらに」「そして」などの接続的に使う言葉もやや多い。

HINT

- 文章を書くときの「基本的なルール」は知っておくべき。論旨が通っていても、伝達力が弱くなるので、損は大きい。

CHECK POINT

- ☑ そのESは、言葉の重複、頻出がないか。シンプルに書けているか。
- ☑ そのESは、文章のうまい人に見てもらっているか。本で勉強しているか。

例文 7

〈私の特長は、粘り強さです〉大学生時代、頑張ったことは軟式野球のサークルです。高校時代、硬式野球をやっていましたが、膝を悪くし、レギュラーを諦めましたが、また大学でやってみたいと思いました。硬式経験者だったので、自信満々だったのですが、部員の数が33人と多く、そのうち1年生は12人でなかなか試合に出ることができず、また諦めそうになりました。あるとき、練習のあと、サブキャプテンの方から、「練習量が足りないよ」とアドバイスされました。私は授業が終わる4時から5時半まで練習をしました。練習は週に一度必ずやりました。その結果、2年生のときには、ベンチ入りの15人に入りました。また、2年生時の打率は.256でしたが、3年生時には.283と3割近いところまで頑張りました。粘り強さ。それが私の強みです。

WHY

なぜ、この文が悪い例なのか？（どこにも欠点がないような気もするが……）

- 実は、このような欠点があまりないが、個性を感じないES文はとても多い。全体の80%くらいだろう。平均的で、面接までいくかどうかのボーダーラインにあるが、ランキングの高い企業では難しいと知るべき。
- 書く意識の問題がある。突出することを恐れ、無難に済まそうとしている。みなさんが嫌う、サラリーマン社会の「事なかれ主義」と同じことをしている。
- ❶文の最初に結論を書く。❷数字を入れることで具体化する。❸先輩のきっかけになった言葉を入れる。❹成果は数字で表す。❺締めの文は、結論を繰り返して強調する。本やネットで流布しているフォーマットが忠実に守られている。その定型的な意識も悪い意味で気になる。

REASON（採用側からの理由）

HINT

- フォーマット化より大切なのは、中身だということをシビアに考えないとダメ。
- 〈特長は粘り強さ〉「練習量が足りないよ」は掘り下げていない。打率.283も効果的かどうか掘り下げていない。

CHECK POINT

☑ そのESは、じぶんを印象深く残す努力をとことんしたか。
☑ そのESは、フォーマットやテンプレにあてはめるだけのものになっていないか。

キラキラと
はみ出して
いいんだよ。

Chapter 5

なんとなくやりたいで、企業や職種を決めていいのか？

道を選ぶときのことば

外資のコンサルを第一志望にしていました。
インターンを経験し、
じぶんの志向とは
違うなあ、
と初めて気付いたんです。

就活が始まる前に「やりたいこと」が見つからないのは、よくあること。どんな職業があるか、どんな仕事があるか、経験したことがないから当然です。

「やりたいことが見つからなくて、へこみます」と焦る大学生が本当に数多くいますが、「みんなそうだよ」と私は答えます。落ち込む必要はまったくありません。ただ、「やりたいこと」が、漠然とでもいいのであったほうが、企業選択はスムーズに行えます。「漠然」とで、かまいません。

右の言葉は、Nさん。結果的には、超難関の広告会社に入社しましたが、初めはまったくその会社を意識していませんでした。しかし、たまたま、ワークショップに参加したとき、仕事をチームワークで知恵を出し合い、一丸となって進めていく感じがとても好きで、「いいな！」と感じたそうです。

もともと、Nさんの志向性は、プランニング業務にありました。それによって、戦略を考えたり、マーケットを動かしたりしたいと思っていました。ですから、初め目指していた経営コンサル業界も、次に目指した広告業界も、「やりたいことジャンル」に入っていたと言えます。それが、リアルなインターンやワークショップを経験して、よりじぶんに合った企業に絞り込んでいけたわけです。

志向性の精度が上がったと言えます。

かなり漠然としていた「やりたいこと」が、企業と触れ合う時間のなかで、ピントの合った「やりたい」になっていくことは、理想的です。そのためには、積極的でリアルな経験をすることが大事です。企業が提供する就活生のための「オープンな場」をどん欲に活用してください。へこむヒマがあったら、どんどん参加しましょう。

導き

「やりたいこと」は漠然でいい。
それを、企業と触れ合うリアルな場で確認していけばいい。

志望理由がうまく書けない企業があるんです。

書ける企業、
書きたい企業には、
やっぱりじぶんが
やりたいことがあるんです、

きっと。

と、言ったのはOさん。とても穏やかな印象の女性で、広告会社に内定が決まっていました。

人間の勘や感性は、嘘をつけないものです。将来性がある、給料が高い、福利厚生がしっかりしている、海外の支社ネットワークが充実している、などなど、ファクト的には、まさに目指すべきエクセレントな会社なのに、どうして入りたいかの理由を書いているときに、「うーん、なんか違うかも……」「魅力的だけど、じぶんにはしっくりこない……」と思う。それは、たぶん正しいのです。

企業研究をすることで、企業の社会的ファクトがわかります。志望理由（動機）を書くときには、個人的フィールが入ります。このファクトとフィールに生じる違和感。それは、多くの就活生が感じるものでもあります。

しかし、作戦を変更できずに、そのまま違和感を抱えたまま面接に進み、いまいち踏み込みが甘くなり、あえなく敗退。というシナリオもまた多いのです。

私のアドバイスは、「大きいこころの戦略」（▼P25参照）をもう一度チェックしてください、です。成長を目指す就活なのか、実を取る就活なのか、やりたいこと優先なのか、ランキング優先なのか、あなたの戦略に立ち返りましょう。

そして、戦略を変えるなら、思い切って変えてしまいましょう。不安や怖さはあるかもしれません。しかし、あいまいなまま、違和感を残して進んでいくと、いい結果が出ません。就活中の変更が、前向きなこころを生んで、いい結果をもたらすこともあります。

ESの志望理由（動機）を書く。その書く行為には、会社や職種に対するじぶんの潜在的な思いを確認する目的もあります。

実は、私も（大昔ですいません）、志望理由を書いているうちに、どうにもうまく書けなくて、徹夜してしまったことがあります。某マスコミでしたが、なんとか提出して、書類選考をパスし、面接までいったものの、志望理由がうまく話せませんでした。

逆に、志望理由をイキイキと書けたのが、内定をいただいた博報堂でした。そして、30年以上イキイキと働くことができたのです。経験談として、ご紹介しました。

導き

理屈ではなく、感覚が正しいことがある。「なんか、いいなぁ」「じぶんに合ってるかも」は、会社選びの大切な基準。

就活中に、大方向転換しました。

今まで、やったことない勉強が必要だし、時間も迫ってくるし……もうすごく大変でした（笑）。

でも、どうしても

報道カメラマンになりたかったんです。

Kさんは、私が美大のデザイン科で教えていたときの生徒です。もの静かで優しい印象の女性でした。デザイン科なので、広告会社、制作会社、メーカーのデザイン部、エディトリアルの会社、Ｗｅｂデザイン会社、印刷会社が主な就職先です。

彼女は、インターンでデザイン事務所の仕事を経験しながら、右記の会社を標的に就活をスタートさせました。何社かは、ポートフォリオ（作品集）を提出し、ＥＳも書きました。

しかし、ずっと思っていたことがあったのです。それは、デスクワーク中心のデザイン作業が、あまりじぶんには向いていないかも、ということ。もっとアクティブに飛び回るような仕事はないのかなぁ。そんなことを漠然と考えながらも就活は進んでいきました。

ある新聞社のデザイン部を受けようと説明会に行ったとき、報道カメラマンの募集を知りました。あ、これだ！　と瞬間、思ったそうです。ヘリに乗って、現場に向かうじぶんの姿さえ想像できました。

しかし、冷静に考えると、時事問題や一般教養の試験をどうする？　カメラの勉強はどうする？　と「？」が次々に湧いて来ます。美大からの合格者はほぼ皆無だとも聞きました。相談する相手も同じく皆無です。さらに、若干名の採用、そもそもスタートダッシュが遅れた、の悪条件。

今までやってきた道とは、まるで違う、細い道が彼女には見えました。しかも、行く先は霧でかすんでよく見えません。では、諦めるのか？　そうじぶんに問いかけたとき、その細い道を歩いていこう！　チャレンジしよう！　と決意しました。

すぐに参考書を買い込んで、時事や漢字の勉強を始めました。企業研究も、必死にやっていきました……。そして、こぎつけた実技の試験。テーマを与えられ、1時間で撮ってきて発表してください、という厳しいお題。

「もうカメラの技術の問題ではないんです。どう対象物を見つけて、迫っていけるか。こころの問題なんです。技術を持っていない私にはチャンスでした」。

今は、ある大手新聞社の報道カメラマンとして、取材にかけまわっているKさん。学生時代と比べて見違えるほどの「強さ」が感じられる。きっとすごく成長したんだろう。いくつもの事件や災害の現場にも立ち会って、かけがえのない一瞬を切り取り、報道してきた。ま、優しい表情は変わらないけれど。

進み始めた道を引き返したり、もう一度スタート地点に戻って別の道をいくのは、とても勇気がいります。理屈では、とても可能性がないように見えます。しかし、その勇気があって、初めてじぶんならではの「やりたいこと」が見つかり、道は開けるのです。

導き

「なりたい」は、「向いているかどうか」より強い。
「なりたいじぶん」を見つけるのが、就活だ。

号泣しました。
そして、本当に
じぶんのことを
考え始めました。

地方大学の農学部で、パンの酵母を研究しているGさん。

小さいときからの大のパン好き。大学では、パンづくりに欠かせない酵母の研究を迷わず専攻しました。就活もパンをつくっている大手製パン会社やベーカリーを第一志望に決めていました。エントリーをし、ＥＳ対策も考え始めました。

いよいよ、就活が迫ったころのことです。実家の母親に会って、志望企業を伝えたところ、「私はあなたをパン屋にするために育てたんじゃない！」のひと言。Ｇさんは、小さいときからの夢が吹き飛ぶ衝撃を受け、号泣してしまったそうです。

しかも、書き上げたＥＳは不合格のメール。落ち込んで、辛さのどん底に。もう光が射してこない感覚さえ持ちました。

しばらくして、Ｇさんはこう思い始めます。「本当に、じぶんのことを、じぶんは考えているんだろうか。じぶんが好きなことを曖昧に決め、今までの流れに沿って進もうとしているだけなのではないだろうか」。

じっくり歩みを止めて、考えて、考え尽くして、「ひょっとすると、じぶんはパンの温かさが好きで……人に温かさを届けたい……それを、一回きりの人生で、したいんじゃないのかな……」と思いました。「人に温かさを届けたい」。やりたいことの、彼女なりの本質がほのかに見えてきました。

折しも、信頼している先輩に会ったときに、「広告会社というのは、人の気持ちを考える商売だよ」と言われ、「あ、見つけた！　これだ！」と感じたそうです。

今でも、パンづくりはステキだなと思います。でも、さまざまな企業が思いを込めてつくった商品を、生活者に温かいコミュニケーションを通して、届けたい。そのことにこれからのじぶんの時間を捧げたいと決意をしています。

就職先の大手広告会社で働くことを楽しみにしているGさん。号泣して夢が終わったと思ったけど、「その先に本当の夢がありました」と言う。これから、厳しい現実にもあうだろうけど、やっていく自信はあります、と笑顔を見せてくれました。

本当にやりたいことにたどりつくには、じぶんを見つめる深い眼差しがいります。

その眼差しは、なかなか持てるものではありません。辛い思いを経験することでやっと持てるようになるのかもしれません。
しかし、なんとなくの流れに任せて、進んでいくのは、いちばんよくないことです。
妥協せず、本当の夢を見つけてほしいと思います。

導き

挫折の先に、本当の「やりたいこと」が見えてくることもある。
夢は、強い気持ちで探さないと見えてこないもの。

Chapter 6

面接は世界一難しいテスト？

悔いを残さないためのことば

目を
キラキラさせて
言えば、大丈夫。

面接は、本当に悩ましいものです。面接官と妙にかみ合わなかったり。志望順位の高い企業ほど、緊張してしまったり。何度もリピートしてきた予想問答が、見事にはずれたり。読みの効かない世界が繰り広げられます。企業によって、面接官によって、まるで違う展開になることもしばしば。

しかし、大手広告会社に入ったNさんは、目を輝かせて楽しそうに、右記の言葉を言いました。

面接では、いろいろ受け答えは用意するべきです。しかし、あまり練習しすぎて暗記しすぎると、柔軟性に欠け、面接官はいい印象を持ちません。

私などは、マニュアルっぽい受け答えをする学生には、本やネットにはないような意地悪な質問をしたりしました。そのとき、フレキシブルに、笑顔で話せる人は、やはり点数が高くなります。

ビジネスの現場では、マニュアル通りにはコトは運ばないし、その場での対応が求められるほうが普通。ですから、突然の流れから逸脱した質問や、よもやま話のような脱力した質問に、どこまでついてこられるかも、見てみたいのです。

Nさんは、人と話をするのがとても楽しい性格だそうです。そして、その楽しさを出すのが、じぶんらしさだと考えました。その作戦は成功したと言っていいでしょう。

導き

面接は、主張の場であると同時に、コミュニケーションの場である。
この基本中の基本を忘れないこと。

思っている以上に
しゃべれないって
わかった。
そのじぶんに、びっくり。
衝撃的（笑）。

話すことは得意だと思っていました、ずっと塾講師のアルバイトをやっていたので、とSくん。

しかし、就活をスタートさせたころ、インターンの面接で、話したいことがほとんどしゃべれず、あきれるほどの衝撃を受けたと言います。

「あ、ふだん話している場と、就活の話す場とは、別世界なんだ！」。それが、学びでした。だったら、練習しないといけないし、じぶんなりの方法論を持たないといけないと決意しました。

多くの就活生が実はこのことを言います（ほぼ全員です）。「思っていたことの半分もしゃべれなかった」「緊張が解けるころに、面接が終わった」「苦手だった中学時代の教師に似ていて、話が弾まなかった」「想定どおりの質問だったのに、練習していた答えが飛んだ」。

絶対的な法則があると感じます。それは、就活の面接の数をこなしていくと、「わりとじぶんらしく話せましたが、言いたいことはほぼ言えました」「緊張はしましたが、「私の答えに面接官がうなずいてくれました」と、スキルが上がっていき、結果もよくなっていくことです。

考えてみれば当たり前の話で、場数を踏めば、頭は冷静に活発に動くようになります。場に慣れるために、面接の場を増やす作戦を立てるべきだということがわかります。

「脳内で何度も、その場にじぶんがいると想像し、面接の受け答えを繰り返しました」とSくん。まさに、スポーツ選手がやっているイメージトレーニングですね。

就活時期になると、あなたが思っているより、忙しくなります、実際に面接の練習をするだけでなく、脳内で繰り返し練習することがとても大切です。電車のなかでもできますから。

もうひとつ、Sくんの方法論。「言いたいことだけ言って終わろうとすると、意外と言いたいことが言えない。仲良くなろうと意識しました」。そうすることで、じぶんのペースをキープできるようになったと言います。圧迫面接と言われる、ちょっと上から目線的なケースにあっても、仲良くなろうのマインドは変わらなかった。結果もよかったとのこと。

私の経験からも、プレゼントークで失敗するのは、
❶話すことをあまりに決めすぎている。⬇自由度がないので、じぶんの頭にも相手の頭にもイメージが生まれない。／予想外のことが起こると、対応が難しくなる。
❷相手を「上」に見すぎる。⬇目線や思いがあまりにも違うと、コミュニケーション効果が下がる。／神経を使うことになり、緊張しやすい。
❸準備がいまいち足りていない。⬇質問されると確信がないまま話すことになり、相手に不安を与える。プロとしては論外なケース。

Sくんの「仲良くなろうと意識する」の方法論は、❶や❷が払拭されるかもしれませんね。

繰り返しますが、就活の面接は、非常に特殊なものだと心得てください。人生初めての経験ということもあります。受け答えの準備とじぶんなりの方法論を持ってのぞんでください。

方法論には、次ページのようなものがあると思います。じぶんに合ったものを選ぶといいでしょう。大事なのは、方法論を持つことで、じぶんのペースをキープできることです。

導き

面接は、1に場数。2に、じぶんなりの方法論。3に、話す内容。

面接で、じぶんを輝かせるための方法論

内定者への取材や私の経験から導き出した、おすすめのものです。
じぶんに役立ちそうなものを試してみましょう。

トイレに行って、
深呼吸を
3回する。

面接の
控え室（コーナー）では、
他の学生の
会話を聞かない
ようにする。

話し始めが、
笑顔っぽく
なるようにする。

身振り
手振りを
ところどころ交える
（やりすぎは禁物）。

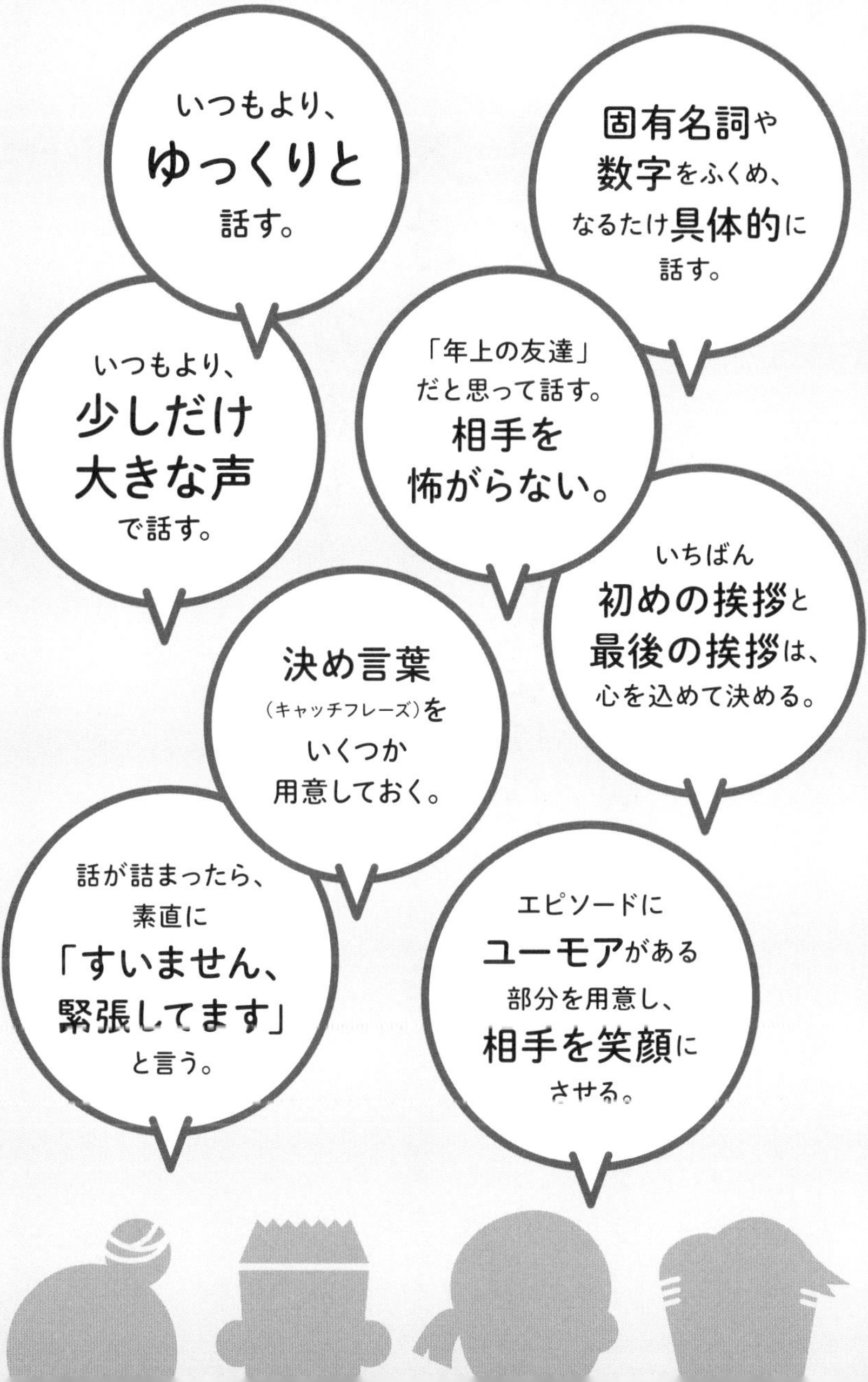

いつもより、
ゆっくりと
話す。

固有名詞や
数字をふくめ、
なるたけ**具体的**に
話す。

いつもより、
少しだけ
大きな声
で話す。

「年上の友達」
だと思って話す。
相手を
怖がらない。

いちばん
初めの挨拶と
最後の挨拶は、
心を込めて決める。

決め言葉
（キャッチフレーズ）を
いくつか
用意しておく。

話が詰まったら、
素直に
「すいません、
緊張してます」
と言う。

エピソードに
ユーモアがある
部分を用意し、
相手を笑顔に
させる。

STUDENT'S VOICE

何か
質問がありますか?は
大きなチャンスだと
考えていました。言われなければ、
じぶんから質問をしました。

面接は、ＥＳに書いてあることを基本的には聞かれます。たまに、ちょっと別方面に話がいくことはありますが、基本はＥＳで間違いありません（面接時に、課題を発表させる企業もあります）。

その意味で、ＥＳは就活の各プロセスについてまわるもの。極めて大切なものです。

そして、Ｎさんの言葉。「聞かれることがＥＳなら、そのフィールドのことしか話せないので、相手にとって新鮮さはないと思いました。で、最後に聞かれる、質問がありますか？　はすごいキーだと」。

なるほど。よく考えています。学生が「ひとつ質問してもいいですか？」と言って、「ダメ」と言ったことは経験上一度もありません。思い出すと、むしろ、その質問がおもしろくて、点数を高くした人も確かにいました。面接も最後になると、お互いに構えない人間性が出たりもします。

「じぶんなりの考えを言えるようにしよう！　短い1分の質問時間でじぶんを出し切

ろう！」。そう、こころのなかでNさんは決めました。

想定問答なら誰でもやりますが、その先にまで考えをおよぼすことは、いい結果が出やすいもの。「何か、質問がありますか？」に対して、面接をあたりさわりのない、いい印象で終わらせようとするのではなく、そこにじぶんを賭けるという戦略がいいと感じました。

導き

面接は、1分間でも、強い印象を残すことができる。

面接官は疲れていると、仮定しました。

Aくんの面接のとらえ方は、確かなヒントになります。

「……面接官の方は、忙しい仕事の合間に、僕たちの面接をやってくれています。しかも、1人ではなくたくさんの人を、次から次に、何時間もだと思います。だから、ぜったい僕は疲れさせないような面接の話し方、受け答えをしようと考えました。仮定が大事だと思ったんです……」

仮定とは、ある未知な問題に、ある条件を仮に設定すること。何が起こるかわからない、面接という「一期一会」のシチュエーションで成果を出すには優れた方法論だと納得しました。何よりも、じぶんのやるべきことがはっきりする。ぶれが少ない。

Aくんは、仮定から以下のことを導き、徹底したと言います。

❶シンプルに伝えた。数字や固有名詞はイメージしやすいので、なるたけ使うようにした。

❷ストーリーがちゃんとあるように話した。ひとつのエピソードを話すとき、前提があり、出来事があり、解決があるというように。

❸ちょっとおもしろい話をして、リラックスしてもらうようにした。

実は❶❷は、今の若い人に欠けている習慣です。言葉使いが非常に曖昧なことが多く、話の起承転結も曖昧なことが多いのです。

たとえば、以下のような話し方。

「……以前、大学でプロジェクトがあり、全員でかなりの人数が参加していて、いくつかのチームに分かれて、企画を考えていきました。私は、そのリーダーをして、みんなをまとめました。いろんな意見が次々に出てマジで苦労しましたが、そうです、他の大学の方もかなり参加していて、やはり大学ごとの温度は違うなと思い、えー、テーマは社会においてダイバーシティをより促進するためには、どんな取り組みをしなくてはいけないかなんですが、意見をまとめるために、私が考えたのは……」

たぶん、じぶんがリーダーをして考え方の違うメンバーをまとめつつ、質の高いアウトプットをもたらした、と売り込みたいのでしょう。が、どこで、誰が、いつ、どのくらい、何をしたのかがわからないため、面接官にとっては、リーダーシップを発揮したというストーリーがイメージできず、説得力が空のかなたにふわふわと飛んでいってしまいます。印象に残るのは、なんかよくわからない話だったなぁ、ということだけ。

僕は、私は、こんな話し方はしないと言うなかれ。かなりの人がこんなふうなのですよ。もちろん、緊張しているせいもあるとは思いますが。

●例文

「3年の夏休み前に、私の大学で行われたプロジェクトが、私の大きな成長のきっかけになりました。テーマは、ダイバーシティをもっと社会に根付かせるためにどうするか、です。他に4つの大学が参加し、総勢50人ほどのメンバーで、朝から8時間くらい議論を戦わせました。5つのチームに分かれ、私はひとつのチームのリーダーになりました。もう大変でした。人の意見はこんなに違うのかと思いましたし、大学によってもすごく違うんだなと思いました。で、私は、ひとつのやり方をチームメンバーに提案しました……」

数字を入れつつ、起承転結を意識して、私が仮に組み立てましたが、こちらの話のほうがすっと頭に入って来ますね。何よりも、面接官にとってわかりやすいし、疲れない。いわば、「面接官思いの話し方」です。

導き

「仮定」を持つことは、じぶんにとっても、相手にとっても、理解が早い。

社会人を巻き込んで、
練習しました。
社会人は、
つてがなかったので、
足で探しました。

これも、Aくんが話してくれたこと。実は、就活でいい結果が出た人には、社会人のブレーンがいることが多いのです。

「OB、OGで知っている人がいないんです。どうしたらいいでしょうか？」この質問は学生から、よくされます。

Aくんも、そうでした。しかし、人をつたって探し出した。足で探す、という表現。やっとアポがとれた人に会って話したあと、他のOB、OGを紹介してもらうこともあります。

つてがないから、諦める人、と、つてがないから、必死に探す人。その差はとてつもなく大きいのです。私は、その差を、大学生レベルと社会人レベルの意識の違いのように思えます。ビジネスでは、「つてがないから、キーマンに会えませんでした」は通用しません。「つてがないから、最大限、知恵を絞る」が正しいのです。

さらに、メールでやりとりしても、らちはあきません。フェイスtoフェイスにこだわる。会いに行くと、OB、OGは排除せず、いろいろ教えてくれます。そこからの学びは、とてつもなく大きいものがあります。

Aくんは、多くの社会人に何度も面接の練習をしてもらったといいます。厳しい指摘を受けたことも数多くありました。その結果、受け答えはどうなったか。そう、社会人のレベルに達したのです。

就活は、社会人の価値観、広く言うと社会の価値観で、あなたの人間性を判断される場です。学生の価値観で練習しても、あまり意味がありません。やらないよりは、はるかにいいとは思いますが。

導き

勇気を持って、社会人にアドバイスを求めに行こう。
パソコン画面を見ているだけでは、成長はない。

おまえは、おれの孫みたいだ。

就職浪人をしたFくん。うまくいかなかった年は、面接で、ちょっと年上の社会人と話すだけで、緊張してじぶんを伝えられなかったそうです。実は、こういう人はすごく多いのです。じぶんは違うなんて、思わないでくださいね。あなたも、その場になればきっとそうなってしまうかもしれません。

考えてみれば、大学には同じ年くらいの学生ばかりで、年上、特に10歳以上離れている人はあまりいません。しかし、社会では、20代前半から、60代まで幅広い年齢層がいます。そして、若手もそのさまざまな年齢層と日々コミュニケートしてビジネスをしているわけです。

いわば、学生のあなたは「おじさん慣れ」していないのです。Fくんは、タクシー会社でタクシーの洗車アルバイトをしました。夜間、帰ってくるクルマをキレイにするのです。一晩60台くらい洗車したと言いますから、すごくハードなバイトですね。

あるとき、この仕事は年上の人と話すまたとないチャンスだと気が付きます。

仕事帰りのドライバーのおじさんたちとコミュニケーションを始めます。気軽に話し合う関係になって、みんなで飲みに行くことになり、旅行にまで行くことに。「おまえは本当にいいやつだ、おれの孫みたいだ」と冒頭の言葉を、初老の運転手さんから言われたそうです。

Fくんは、そのコミュニケーションの感覚を身に付け、面接にのぞみ、じぶんをうまく伝えることに成功します。

他の就活経験者からも、おじさん慣れはすごく大事ですという証言がありました。

とにかく、学生村だけで生きないことですね。

導き

年上の人コンプレックスが学生にはあるもの。面接時までになくしておきましょう。

朝一の面接は、
その前に
カラオケに行って、
歌唄いました。

Oさんは、面接に備え、さまざまなトレーニングをしました。「笑顔の練習はやりましたよ、ふつうに」と言う。「そうそう、とっておきのやり方があるんです」と教えてくれたのが、早朝カラオケ・トレーニング。

朝早い面接は、頭もはっきりしないし、滑舌がとにかく悪い。緊張もしやすい。つまり、必然的に失敗しやすい。

そこで、1時間早めに起きて、カラオケに行ったのです。発声の練習にもなるし、頭と体の試運転にもなるし緊張もほぐれる。いいことだらけ。

なるほど、確かにいいかもしれない。ナイスアイデア！

じぶんで工夫する。編み出す。その努力や気付きがとても大切。

朝一の面接も、「いやだなぁ」「不安だなぁ」「うまくしゃべれるかなぁ」までは、全員、同じだと思います。では、そこから、どうアクションするか。それで、成功・不成功が決まってくるのです。

じぶんの得意技に持ち込む、じぶんの弱点を消す、そんな工夫ができるのも、じぶんを客観的に見られるから、かもしれません。押さえておくべきポイントです。

導き

うまくいくために、やり方を少しでも改良する。
その工夫は、じぶんを裏切らない。

じぶんは、雰囲気がほんわりと柔らかなんです。
油断している相手に、
勝負どころの質問は、
論理的に、シュッと
答えを返しました。
シュッ、シュッ、という感じで。

就活初期のインターンの面接では緊張してしまって、質問で攻められると、ウッと詰まって立ち往生しがちだった、と話すOさん。そこで、考えたのが、じぶんの印象とのギャップを計算した答え方。なかなかできることではない、すごいなぁ、と感心しました。

そう、Oさんの印象は、柔らかくて、硬質な感じはしません。やや情緒的な人あたりがします。じぶんを客観的に見ているんですね。そんな印象ゆえに、面接官が油断しているところに、鋭く論理的に答えを返したそうです。ま、返せるということは、準備しているということですが。

たとえば、私が面接官をしていたときのことでいえば、「広告はこれからどうなっていくと思いますか。あなたは、そのとき、何をしたいですか？」と質問すると、多くの人はこんな答えを返しました。

「SNSなどのメディアによって、生活者ひとりひとりが情報の発信者になります。

もはやマスコミだけでなく、さまざまなコミュニケーションが行き交う新しい時代が加速していきます。そんな情報のカオスの時代に、私は、生活者と企業の橋渡しになって、正しく豊かなコミュニケーションづくりをやっていきたいと思います」。

悪くはありません。その通りだと思います。ただ、「正しく豊かなコミュニケーション」とは何か。すごく曖昧ですね。あたりさわりがなく、教科書的で、本当の答えを言ってはいない感触が残ります。

「SNSなどが進化し、企業の自社メディアが発達すれば、もはや従来型の広告はなくなります。広告会社は、そのときどんな活動をしていくべきか、私は考えました。答えは、ブランドにあると思います。企業にとって社会にとって必要なブランドを、価値化していく。そのために、クリエイティブやマーケティングやメディアを有機的に総合的に使って、生活者を豊かにしていく。それは広告会社にしかできない仕事です、私は、その唯一の仕事をしたいと強く思います」。

ま、これは私が考えた、仮の答えですが、論理的で、思考が前のものより具体的で、ハッキリとしたクリアな印象を残します。

こういう明快な答えが、学生から返ってきたときには、Oさんの「シュッ、シュッ」と音が聞こえるようにさえ思えます。

擬音もいいですね。擬音というのは、じぶんの気持ちを前向きにさせる力があるものです。「ビシッと」「サッと」「バシバシと」「サクサクと」……。

オノマトペは行動にいい効果があることが知られています。

導き

じぶんがどんな人間ととらえられるか、そこを充分知って、作戦を立てること。

Chapter 7

グループディスカッションは予知できないことだらけ?

GDを勝ち抜いた人のことば

議論を前に進めようとする人。

じぶんがいっしょに働くときには、そういう人がいいと思った。

Nさんの言葉。グループディスカッションは、大学生の間では、「GD（ジーディー）」または「グルディス」なんて呼ばれたりしています。

企業によっては、このGDを非常に重視するところがあります。

学生が前持って予行演習がしづらく、どんな人とグループになるのか、グループは何人単位なのか、どんな課題で話し合うのかなど不確定要素が多く、予知不能な面が多い。そのため、採用側からすれば、学生の「素の実力」が見えやすいわけです。

GD選考をする理由はもうふたつあります。

ひとつは、個人として優秀でも、グループワークができないコンピテンシーを持った人がいることです。ESも面接も、基本、個人ワークです。しかし、会社では、個人ワークだけでは、難易度の高い仕事はすすめていけません。グループ力・掛け算発想の質がよくなければ、人材として使えません。「聞く力」も大切です。

現代においては、そのグループ力の重要性はどんどん高まっています。

その基本である、グループ内コミュニケーションを「どうしても」見ておきたいのです。

もうひとつは、グループが課題解決をする場で、どのような役割でどうアウトプットに寄与できるかを見たいのです。単にコミュニケーション能力だけでなく、その会議をクリエイティブなものにできるかどうかの能力を見たいのです。いわば、価値創造の仕事に向いているかどうか。

現在のビジネスは、予知不能なことが多く起こります、そのときに、従来どおりのやり方をしていても、ソリューションを導き出せません。慌てず、問題の本質を考え、対処し、答えを出し、行動できる人材。ＧＤはそれを発見しやすいものだと言えます。

しかし、学生側にとっては、なんとも対策がしづらいものですね。「ＧＤなんて、やめてしまえばいいのに!!」と私に真剣に言った個人塾の生徒もいました。彼女の論によれば、グループワークは会社に入ってから学べばいいとのこと。特に、彼女は人間性が優れているのですが、ちょっと引っ込み思案なタイプでしたから。

しかし、誤解があるようにも思います。それは、たくさん話す、たくさん気がきいたことを言う、が、高評価なわけでもないことです。

そのグループが生み出そうとする答えの質に、どれだけ寄与したかが評価になるのです。極端にいえば、口数は少なくても、渋滞から救う発言、納得させるアイデア、アウトプットに深く関わるキーワードの提案、などがあればいいのです。その意味で、「議論を前にすすめる人」は、かなり正解なわけです。

採用側の判断基準として、部下に来てほしい人材がいい、とよく言います。不測な事態になったら固まってしまう人、じぶんの意見が認められないと言って不満ばかりをためる人、たくさん話すが中身が薄い人は、来てほしくないものです。

導き

議論の流れをつくる、変える、深める。そのキーマンになることが好印象。

時間内
アイデアの場
だと、考えていました。

Sくんは、難関のGDをこう定義づけていました。メインの志望であった広告関連企業では、特に、この定義は力を発揮したことでしょう。

単なる連絡や報告なら、メールでできます。人と人が会って、お互いに触発されて、知恵をぶつけ合うのは、アイデアを磨き上げる目的の場合がほとんどです。情報共有型ミーティングから、価値創造型ミーティングへ。従来にない答えを、社内・社外ミーティングで求められるケースが多くなっているのが、「今」の状況です。

では、その場で、もっとも大切なのは何か。それは、アイデアとそのアイデアをどう実行するかのプランニングです。

ちなみに、広告会社では、職種や会社が異なる人間が集まって、ミーティングをすることは、非常に「ありふれた」ことです。他業界でも、どんどんそうなっていると思います。クリエイティブ、営業、マーケティング、プロモーション、メディアなどの社内外の人材が、職種・会社の垣根を越えて、思いつきをどんどんとぶつけ合って、ブレーンストーミングを白熱させていきます。真剣勝負の場です。そのシーンは、なんとGDに似ていることでしょう！

たとえば、2時間のミーティングなら、その間に答えを出そうとしますが、難しい案件では、次回に持ち越される場合があります。そのときには、それぞれが、個人としてアイデアを考え、次のミーティングで発表します（「アイデア出し」と呼称しています）。そうやって、アイデアは練られ、磨かれ、ビッグアイデアとして輝くものになります。

「人との関わりがうまいかどうか、もありですが、僕はどう時間内に頭をフルに使ってアイデアが考えられるかだと思いました」とSくん。他人のアイデアにも耳を澄ませることを忘れなければ、それで充分、GDを勝ち残れると私は感じます。

GDのやりとりを見ていると、コミュニケーション力をきちんと持ちながら、アイデア力・ジャンプ力を持っている人がいることに気付きます。他人に対する情報アンテナ、じぶんの内なる思考のエンジン。その両方が高いレベルにあれば、おそらくGDは通過できるはずです。

最後に、GDは各企業（業界）の風土や体質が評価に色濃く反映されます。企業研究・業界研究はしっかり行い、場をきちんと読んで、のぞんでほしいと思います。

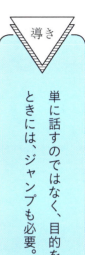

単に話すのではなく、目的を意識して、話せているかが大事。
ときには、ジャンプも必要。

楽しくやっていて、よかったよ、って、人事の人に言われました。

就活が難しいのは、考えないとダメだけれど考えすぎるとダメ、ということがあるからです。

企業研究までを充分にやるのはいい。しかし、じぶんが志望すべき企業を、ネットをあれこれ見たり、本を買ってみたりして、初任給は？　福利厚生は？　利益率は？　事業領域は？　貸しビル自社ビル？　などなど、細かいところに入りすぎてナーバスになっていっても、迷い道に入るだけ。そんなこともあります。本当に難しいものです。どこかで、「決心」をすることが必要なのです。

「決心」ですよ。「諦め」でも「放棄」でも「いい加減」でもありません。

まさに「決心」。右の言葉は、Oさんのものですが、私はそう感じました。

「GDは、純粋に楽しくやろうと思っていました」と話します。第一志望の会社のGDは、なんと10人強のグループ、お題も高い難度。みんなで議論している間に、じぶんの位置の把握はとても困難……。

どうせ、主張の嵐になるんだから、じぶんは、とにかく楽しくその場で発言する、全体が停滞したら、楽しくなるように持っていく、過度に計算せずに自由に発想する、そんな「決心」でのぞみました。
どうせ、予知不能な環境なら、じぶんの「マインドの位置」だけは明確に定めておこう！　その作戦は、見事に成功しました。

どうＧＤに対処するか、それはじぶんの特性にもよります。企業の特性にもよります。答えはひとつではありません。しかし、いい結果が出た人は、深く考えた末の「決め」を持っているものです。ビジネスの世界でも、プロ度が高い人は、「決め」を間違いなく持っているものです。

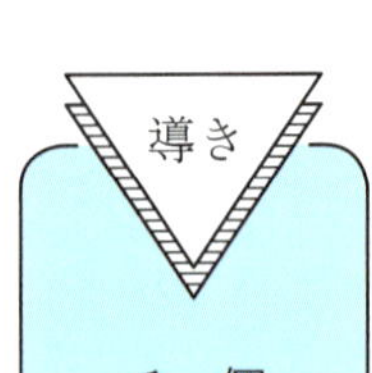

個の役割を演じる前に、知らないどうしが集まった場を、チームとして楽しくすることを考える。

自分なりに構造を考えると、GDには3つのタイプがあります。

Aくんは、GDの構造を分析してみました。そして、3つのパフォーマンスのタイプがあることを見つけました。じぶん流の発見ですね。

❶問いを出す、❷答える、❸調整する─シンプルですが、その3つでした。

たとえば、「若者にもっと本を読んでもらうにはどうしたらいい？」というお題だとします。

❶問いを出す、は以下のような発言になります。

「若者といっても、高校生なのか、大学生なのか、ビジネスパーソンなのか、どう思いますか？」

「ふたつの相反する意見が出ましたが、あなたの視点で見るとどうですか？」

⬇場を仕切る感覚に近い。何が問題なのかを把握している。

❷答える、は

「大学生が1年に一冊の本も読まない割合は、50％に近づいています。いちばん問題なので、狙うべきかなと思います」

「書店が料理教室をやっていたりすれば、私もちょっと行ってみようと思うかもしれません」

⬇議論の方向を提案している。具体的アイデアを出すこともある。

❸調整する、は

「私も、いちばんの問題は大学生だと思います。社会に出ると、本を読む割合は上がりますから。そこに絞って考えるほうがいいかなと」

「料理教室だけでなく、さまざまなイベントがありそうですね。本屋はもう本を売る場所という概念を変えるべきかもしれません」

⬇じぶんの意見を話すことで、全体をまとめる。前へすすめるきっかけにしていく。

実は、それぞれに長所があり、一概にどれを演じたらいいというものでもないでしょう。Aくんは、❷の役割に重きをおいて、場に接することが多かったと言います。

広告会社系のＧＤが多かったからかもしれません。

さて、あなたの志望する業界はどうでしょうか。あなたがいちばん力を発揮するのは、どれでしょうか。役割の構造が頭に入っていると、やりやすいと思います。

導き

何ごとも構造を考えておくと、予知不能なケースでも対処がしやすい。

Chapter 8

就活中の挫折をどう乗り超えればいいのか？

じぶんが揺らいだとき、救うことば

攻めの就活がいつのまにか、
守りの就活になってしまって、
じぶんにどんどん
自信が持てなくなって
いきました。

マスコミ志望のIさん。きっかけは、あるESでした。それまでは、順調そのもの。就活ランキング上位の難関企業X、Y社から、ESを突破して面接の知らせが連続して来ていました。

就活は、じぶんの個性を強く出して、平均点を目指さないと決めていました。生来、ちょっとひるみやすい性格で、行動や態度に出せず、ずいぶん損したこともあり、その反省もふくんでいました。

ESも、とんがって書いてみよう、もちろん程度はあるけれど。とにかく悔いのないように戦いたい。その作戦はうまくいっている。面接で頑張れば、憧れの内定が出るかもしれない。よし！

ところが、就活ランキングが中の上の企業Z社で、ESが不通過に。しかも、X、Y社と設問内容はほぼ同じ。書いた内容も近く、当然、Z社も通過すると思っていました。

振り返ると、書いている途中で、ちょっと書きすぎかもと思う箇所がありました。あ、それが原因だ。このとき、彼女のこころに「とんがる危険」に対する配慮が芽生えました。しかも、X社の面接はあまりうまくいきませんでした。個性を鋭く出そうとする自己、と、丸くつくろおうとする自己がせめぎ合い、いつのまにか、平均点からちょっと上を狙うマインドになっていきました。

そして、とある会社の面接途中で、彼女は泣き出してしまいました。それは、受け答えをしているじぶんが、あまりにも守りに走っていると感じたから。ああ、また今までのような失敗を繰り返していると感じたから。情けなくて、どうしようもなく涙が出ました……。

就活は、平均4、5カ月におよぶ長期戦になります。その間にいろいろな山や谷が出現します。重度の落胆や挫折が、訪れることもあります。心身ともに調子を落としてしまうことも。「果てしのない闇のなかに落ちていく感覚」。そう言った就活生もいました。

そのとき、じぶんを支えるのは、誰か。それはじぶんしかいない。じぶんのなかにある「強さ」をかき集めて、前にすすむしかない。

友達や親が激励してくれようとも、それはなぐさめにしかなりません。

ちなみに、Iさんは、その後、マスコミ業界の優良企業に入社しました。ちゃんと見ていたんだと思うのです。彼女が、とても優しく、細やかなこころを持った人間であることを。神様はちゃんと。

だから、どうか自信を持って、じぶんをぶつけてほしいと思います。

導き

忘れてはいけないのは、じぶんを信じる気持ち。

信じられる根拠はきっとあると、信じること。

何があっても、嘘をつかない就活にしようと、決めていました。

「決め」という言葉があります。将棋でいえば（突然ですいません）、「今日は、守りではなく、攻め続けていくと決めていました」などと、棋士が終局後に言ったりする、技術でなくスタンスの話ですね。CHAPTER1－1や7－3で述べた「大きいこころの戦略」や「決心」のことです。

就活は、じぶん個人の責任で行う活動であるため、うまくいったこととうまくいかないことのすべてが、なんの防波堤もなくじぶんに返ってきます。

しかも、人生初の経験ですから、わからないことだらけ。学生基準でなく、社会人基準のものさしで計られる不安（ときに理不尽もありえます）。深く傷ついたり、迷路に入ったりする人が、数多く生まれます。

そのとき、支えになるのは、この「大きいこころの戦略」です。「芯になる軸」、まさにこの軸があれば、ぶれたり、動きがにぶくなったりしても、回り続けることができます。その戦略や、軸を「決め」にしている人は、挫折を乗り超えやすいものです。

P164の言葉は、地方の大学の学生で、社会的問題を解決するために、記者になりたいと熱望していたMさんのものです。

実は、新聞社とテレビ局しか願書を出していなかったので、私はとても心配しました。それぞれが超難関ですし、採用する記者枠もすごく少ないからです。そんな細いロープの上を歩いていくのは、とてもリスキーで、踏み外したら下に落ちてしまいます。

見事に新聞社から内定が出たあと、本人と話しました。「ねぇ、強気の就活で不安はなかったの?」「ありましたよ、めちゃめちゃ」「へー、面接でダメだったりしたときは、やばいとか思わなかった?」「落ち込んで部屋から出られなかったこともありましたよ(笑)」「どうやって復活したの?」。

いつもにこやかで、笑顔を絶やさない、ほんわかとした彼女だが、決意がありました。

「じぶんを良く見せようとするあまり、嘘をついている人もいました。必死ですから仕方がないと思いますが、じぶんは嘘をつかず、ありのままのじぶんを出して戦おうと決めてたんです」。

「じぶんをつくる」でうまくいく人もいれば、「素のままのじぶん」でうまくいく人もいます。彼女は後者でした。

その決めのおかげで、面接も緊張したけど変な計算をせず、自然に話せました。ある新聞社では、面接官の社長に「君はすごく話しやすいよ」と言われたそうです。悔いの残らない就活にするために、結果がどうあろうと、じぶんらしさを貫こう。その決めが力になりました。

導き

うまくいかないときでも、「決め」を大切に。
結果を過度に気にするとじぶんの良さを失う。

劣等感は、時間の無駄。

２０１７年８月、マスナビ２０１９、「内定者から就活生の君へ」から抜粋。言葉は、広告会社内定者の方。

彼女は、サマーインターンを全落ちしました。当然のように来た、深い挫折と虚無感。そこから、どう立ち直っていったのでしょうか。

……私が捨てたのは「劣等感」です。夏の私には決定的に足りなかったものがありました。それは、自分への自信です。もともとぼんやりとした気持ちで受けていたので、企業に対する理解が浅く、自信を持って面接に挑むことができていませんでした。「特に何も対策してないけど選考進んでしまっているな、こんなもんなのかな。」そういう気持ちが滲み出てしまったのだと思います。その上、インターンにことごとく落ちたことで、すっかり自分に自信をなくしてしまったのです。社会に必要とされていないのではないか、自分はいらない人間なのかもしれない、と、その時はかなり落ち込みました。……

社会に必要とされていない、じぶんはいらない人間なのかもしれない。そう感じてしまったら、もう先へは進めなくなります。しかし、その思いになった人はたくさんいるのです。

じぶんは「ダメな人間」。さらに、友達がトントン拍子でうまく成果を上げていたりすると、劣等感は、どうしようもなく心にからみついてきます。

そして、頑張る活力は涸れてしまいます。

……………私が再び自信を持って3月からの本選考に挑めるようになったのは、ある人の言葉がきっかけでした。「たった15分の面接で自分という人間を全部分かってもらうなんて、絶対不可能。私は長い付き合いだからあなたのことをよく知ってるし、素晴らしい人間だって分かっている。でも、初対面の人があんな短時間であなたを理解するのは無理がある。だからこそ、こちら側がちゃんとポイントを絞って、分かりやすく説明しなきゃいけない。自分が悪いんじゃなくて、伝え方が下手なだけだよ。それさえ出来れば大丈夫だから。……………

いいアドバイスですね。その通りだと思います。

ネットなどで、「いやー。就活楽勝だった」「インターンなんて意味ないって」「練習しないほうが、就活は素が出ていい」「企業研究より、じぶんのやりたいこと」「内定5社目！」など、フェイク情報が飛び交います。

就活中の情報世界は決して健全ではありません。くれぐれも、じぶんの人間性を見失わないように。友達とも比較しないように。

あなたは、伝え方がちょっと下手なだけ。

導き

落ち込んだときは、良き人の言葉に耳をすまそう。

ひとつの言葉があなたを劣等感から救い出す。

今だから、わかるんです。
他人と
比べない強さ、が
足りなかったって。

東北地方の企業でイキイキと働くTさん。大学も地方の大学でした。就活は東京の企業をメインに行いましたが、振り返ると、いろいろな苦労が思い出されます。

とにかく情報がありませんでした。東京のどこかで連日のように行われる就活セミナーやその類いのイベントも、地方では数えるほどしかなかったし、目指す業界のOB・OGもいませんでした。

情報不足は、自信不足につながります。しかも、東京まで数時間かけて行く道のりの長さ。長さゆえに、余分なことまで考え、自信を失いがちになります。孤独感にもさいなまれました。

「大手企業の面接で顔を合わせる就活生は、本当にそれぞれが自信に満ちていて、もうマインド的な部分で負けていました……。振る舞いがこなれていたり、笑顔が輝いていたり。

面接の場で、専門用語やじぶんの仕事に対するかなり具体的な考えを述べている人もいて、そのなかではどうしても埋もれてしまっているじぶんがいたように思います」と、Tさんは言います。

事実、地方の大学生で、東京の企業を目指す就活生は、明らかに不利だと思います。情報の量と質、場慣れ、移動時間など。企業側から見れば、だからといって、地方の就活生を優遇できませんし、適切な対策もできないのが現状です。

Tさんは、ひとつのキーワードを言ってくれました。それは、「他人と比べない強さ」です。言い換えれば、「じぶんを信じきる強さ」かもしれません。地方の就活生だからこそ、感じた言葉かもしれませんが、すべての就活生にとっても、人生にとっても大切な言葉だ、と考えます。

私は商売柄、さまざまなジャンルのプロフェッショナルに会ってきましたが、彼らの揺るぎない自信は、ひとつに、今までの実績、もうひとつは、このレベルに至るまでにしてきた練習、努力、鍛錬の量にあります。

じぶんが何かにとことん打ち込み、とことん深く考え、とことん感じたこと。それが、自信に転換するのです。そして、勝負の場で力を発揮できるのです。

他人と比べない強さを持つことで、人は初めて、じぶんらしく振る舞うことができます。「とことん打ち込み、とことん深く考え、とことん感じること」を習慣にしてください。

付け加えることがあります。それは、あなたから見て堂々とした「自信満々」な就活生もそれほど自信があるわけではないのです。隣の芝生は青く見えるもの。大丈夫です。あなたはあなたでいいのです。

導き

他人と比べない強さは、まさにキーワード。
他人は他人、じぶんはじぶんと割り切りましょう。

就活生やってると思う時点でもう負け。
地元の駅ビルのショップに直行して、
リクルートスーツを
買い替えました。

「よくも悪くもキミは就活生っぽいね」。地方の大学農学部のGさんは、就活がスタートしたころ、東京のOBから、さりげなく言われたそうです。そのひと言が彼女のマインドをがらりと変えました。

「えっ、それって普通にしか見えてないってこと?……〈じぶん〉がちゃんと相手に伝わっていないってこと?……」。

他の人とは違うじぶんを見せることが就活なのに、就活はかくあるべきという答え方、話し方、書き方、マインドの範囲内にぜんぶ、じぶんが収まっている。そのことに気付いたのです。衝撃的でした。

就活生やっているという意識ではダメ! じぶんをやっているという意識じゃないとダメ!

そんな思いが頭のなかでぐるぐると回ります。新幹線に乗って、やっと地元の駅に着きます。彼女は、そのまま駅ビルのエスカレーターに乗って、服のフロアへ駆け込みました。

ネットの情報や友達の話をもとにチョイスした無難なリクルートスーツをもう着ない決心が生まれていました。デザインが個性的でもかまわない、とにかくリクルートスーツの範囲でいちばんじぶんに似合うものを買おう。いつものように、服を選ぶときに思う、これってじぶんに似合うかしら、着たらこころが自由になるかしら、という気持ちで選ぼう。

緊張しいで苦手だった、面接もそのスーツを着てからは、うまくいったそうです。じぶんは就活生じゃないんだ、じぶんはじぶんなんだ、楽しくおしゃべりしてくるぞ！　それは、面接官にも伝わったのです。

導き

就活生らしくある前に、じぶんらしく、であること。
いつもより、もっとじぶんらしくでもいい。

CHAPTER 6

生き様を見せてやれ。

私から、就活生のみなさまへのエールです。

あなたが就活生である前に、人間であることは当然ですね。

しかし、多くの就活生が、大学生という立場や、就活生という立場でしか話ができず、答えられず、書けません。

人間性を感じない就活生がなんと多いことでしょう！


それは、就活とは、大学生の価値基準ではなく、社会人の価値基準で動いている、そして評価される、そのことに気付いてないからです。

社会に出れば、当たり前のこととして、個の人間性が問われます。みなさんは、すぐ、企業は「組織」で動いていると考えるかもしれませんが、基本的には、個があって、組織があります。粒違いの強い個が集まって、初めてチームは強くなります。

個は自己責任を持ちます。たとえば、講義を無断欠席しても責任を問われないのは、大学という井戸のなかだけです。また、自己研鑽を積まなければ成長はありません。

就活時には、じぶんという個を見つめ、じぶんという人間らしさを発揮してください。井戸のなかにいる意識ではダメです。

もうひとつ、この本で何度も言ってきましたが、最近の若者は平均値を求めます。集団から飛び出すことを躊躇します。結果、面接官や採点官から見ると、模範的だけど個が見えない、したがって、評価が難しいアウトプットばかりになります。

自信がないことの裏返しなんです、と言った就活経験者がいました。そして、「もっと自信を持てるまで、深掘りするべきでした」とも。就活に際して、じぶんをもう一度、見直して、いいところを発見し、再構築してください。そして、じぶんに自信を持ち、じぶんの考えや価値観やハートを見せつけてください。

「生き様を見せてやる！」くらいでちょうどいいと思います。

導き

就活中に、「あなた」は確実に人間的に成長します。その事実を忘れずに、すすみましょう。

Epilogue

終わりに伝えたいこと

就活生に、心の底からエールを贈る本をつくりたい！

長い就活生との付き合いのなかから、そう強く思いました。それは、就活とは短い期間ではあるものの、想像以上に厳しい戦いであり、挫折や失意がつきまとう事実を肌で知っていたからです。

ESや面接をふくめ、さまざまな壁が立ちはだかり、さまざまな困難が生まれ、あなたもきっともがきます。しかも、就活進行中に、うまくいったりいかなかったりのアップダウンは、まさにジェットコースターのよう。

そして、迷子になり、じぶんを見失います。じぶんに自信を持てなくなります。他人との比較ばかりを考えるようになります。

さらに、ここに拍車をかけるのが、推測情報やフェイク情報です。スキル本のなかには、採用側にいた人間としては「?」がつく情報を書いてあるものもあります。

では、何が、いちばん情報として信頼できるのか。その答えは、「内定者の言葉」でした。就活をいちばんリアルに体験した人に聞く。それがいちばんなのです。しかも、できたら、後輩たちに、知恵がいっぱい詰まった、心からの言葉を贈れる人がいい。

そうして、人選が始まり、取材が始まりました。取材は、夜のバーで楽しく語らいながら行ったこともあります。みなさん、じぶんの体験から導き出された、さまざまな「知恵やスキルや思い」を個性的に語ってくれました。

その真実の言葉を集め、就活の、暗く不確かな道を照らす灯りにしました。

取材した内定者の方には、多大な謝意を表したいと思います。また社会人という新しいステップに入られることもあり、匿名にさせていただきました。

就活生のみなさん。じぶんを見失わずに、人間として成長する就活にしてください。そして、じぶんを信じる力を忘れずに。

負けない就活のために、この本がきっと役立つと信じています。

採用側、教える側で、多くの就活生と生きてきた人間として

黒澤　晃

黒澤 晃

Akira Kurosawa

横浜生まれ。東京大学国史学科卒業。1978年、博報堂入社。コピーライターを経て、クリエイティブディレクターになり、数々のブランド広告を実施。日経広告賞など、受賞多数。2003年から、クリエイティブマネージメントを手がけ、人事、新卒・中途採用、教育を行う。2013年、退社し、黒澤事務所設立。クリエイター教育の経験を活かし、マスナビにて、文章力向上や自己PRなどをテーマにした就活セミナー「黒澤塾」を開催。好評を博す。博報堂時代から、数多くの若い世代の才能を伸ばしている。現在、文教大学情報学部非常勤講師。著書「これから、絶対、コピーライター」「ザ・就活ライティング　20歳からの文章塾」。

マスナビBOOKS

就活でどうしても会いたいテレビ人24人への OB・OG訪本

ちょっとやそっとじゃ会えない凄い先輩方へのインタビューを敢行し、
本を通じてのOB・OG訪問を実現。今回は、NHK、日本テレビ、TBS、
テレビ東京、フジテレビ、読売テレビ、北海道テレビ、テレビ埼玉、TOKYO MXで
あの人気番組を制作する24人のテレビ人に、学生時代の就職活動、
テレビの仕事、テレビへの思い、テレビのこれからを聞きました。

一般社団法人 未来のテレビを考える会 編著
本体：1,400円+税　ISBN 978-4-88335-347-7

就活でどうしても会いたい編集者20人への OB・OG訪本

ベストセラー・ヒット作をつくる編集者には、共通点があった!?
雑誌、本、マンガ、ネットニュース、それぞれの分野で注目を集める編集者にインタビュー。
ブームを生み出す裏側や、転換期の出版業界で求められる
新しい編集者の在り方について迫りました。
編集者の仕事を、分かっているつもりのあなたに読んでほしい。

マスメディアン マスナビ編集部 編
本体：1,400円+税　ISBN 978-4-88335-370-5

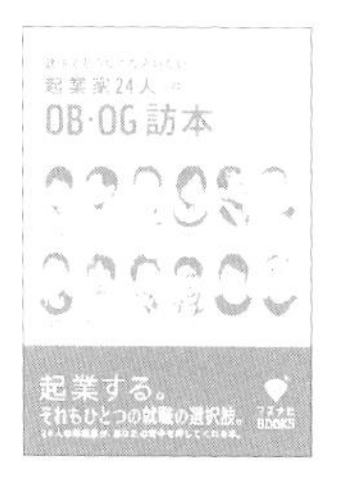

就活でどうしても会いたい起業家24人への OB・OG訪本

24人の起業家があなたの背中を押してくれる本。
さまざまな業界で活躍する起業家にインタビュー！
よくある起業のノウハウ本ではなく、起業家としてのメンタリティについて
触れたはじめての本です。「社会を変革したい」「何かを成し遂げたい」
「その何かが見つからない」と思っている学生に読んでほしい1冊。

マスメディアン マスナビ編集部 編
本体：1,400円+税　ISBN 978-4-88335-371-2

これから、絶対、コピーライター

コピーライターになりたい人を、コピーライターにする本。
あの広告会社で、多くのコピーライターを採用、発掘、教育した著者が
門外不出であったコピーライターになるための方法を初公開。
コピーライターのすべてがわかる入門書。

黒澤晃 著
本体：1,400円+税　ISBN 978-4-88335-344-6

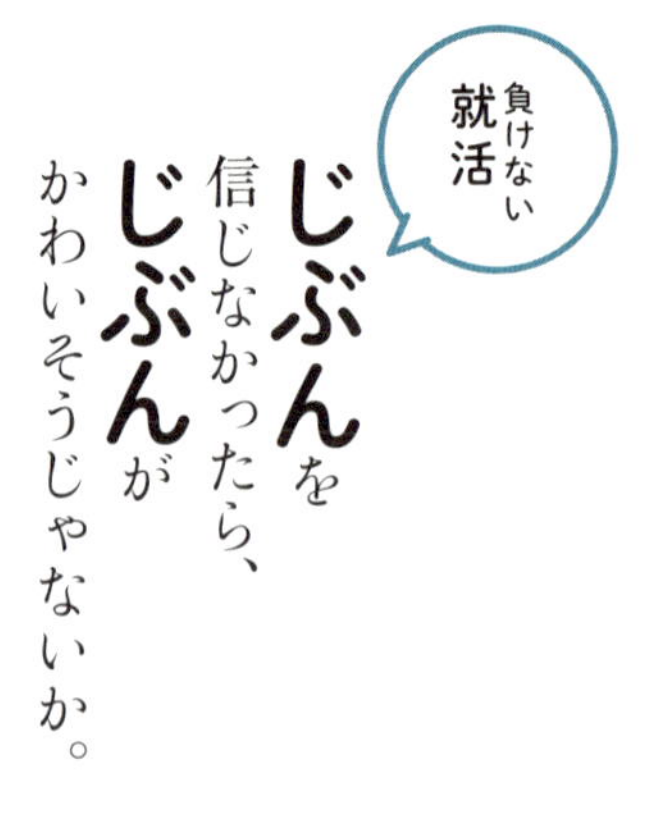

発行日　2018年1月22日　初版

著者
黒澤 晃

編集
株式会社マスメディアン マスナビ編集部
massnavi.com

発行者
東 英弥

発行所
株式会社宣伝会議
〒107-8550　東京都港区南青山3-11-13
tel.03-3475-3010（代表）
sendenkaigi.com

装丁・本文デザイン・イラスト
若井夏澄（tri）

印刷・製本
日経印刷株式会社

ISBN 978-4-88335-428-3

Printed in Japan